$b\,{}^{37}$

4512.

(Réserve .

L. 71.2
D.

HISTOIRE
PANEGYRIQUE
DE
LOUIS XIV.
ROY DE FRANCE,

fous le Nom de

HEROS
INCOMPARABLE.

A ROUEN,

De l'Imprimerie d'ANTOINE MAURRY,
tenant fa Boutique fur la Montée du Palais.

M. DC. LXXIII.

AU ROY.

SIRE,

Un Grec se presentant autrefois pour reciter le Panegyrique de Hercules, qu'il avoit composé, Antalcidas luy demanda qui estoit celuy qui blâmoit ce Heros, voulant luy marquer qu'il n'avoit pas besoin de loüanges, & qu'il avoit assez de son propre mérite pour établir sa réputation.

Par la mesme raison qu'Antalcidas ne vouloit pas qu'on publiast les éloges de Hercules, nous devons, SIRE, publier celles de vostre Majesté; c'est parce que personne ne vous blâme, que je vous loüe publiquement; Vostre réputation est sans taches, vostre Valeur sans reproches, & vostre Gloire sans soupçon; mais il ne suffit pas que cela soit incontéstable, & que l'Europe, aussi bien que les Narions les plus éloignées, soient informées de ces véritez, il faut encor les aprendre à la posterité, afin de garantir vostre Vertu des ombres de l'oubly, & de l'ingratitude, & du silence du temps.

On doit donc vous loüer, SIRE, comme Hercules, parce qu'on ne peut pas vous blâmer ; mais vous avez encor cela au dessus de ce Heros, & de tous les autres, qu'on doit vous loüer, parce qu'on ne peut pas vous loüer, j'entens, assez dignement ; c'est ce que je veux dire par vostre qualité de HEROS INCOMPARABLE, que je prens pour Tiltre de mon Livre ; car mon dessein n'est pas, en faisant vostre Portrait, de prouver qu'on en peut faire un véritable, mais de prouver à l'Univers, & à moy-mesme, que le Panégyrique de vostre valeur, sera éternellement le desespoir, & le chagrin de tous ceux qui écriront pour la grandeur de vostre Auguste Nom, puis que leur éloquence, quelque éclatante & féconde qu'elle puisse estre, sera toûjours stérile pour une matiére si belle, pour des conquestes si surprenantes, pour des défaites si nombreuses, & pour tant de héroïques avantages que vostre Majesté possede.

Mais je me suis trompé, SIRE, & je suis si peu accoûtumé à l'éclat de vostre gloire, qu'il m'a aveuglé ; je reviens cependant de ma foiblesse ; ce qui m'avoit causé des obscuritez & des tenébres, me donne des lumiéres ; je comprens presentement que si l'art de persuader est le but de l'éloquence, si elle consiste dans cet unique point ; comme on *perfuadera toûjours les hommes de voftre mérite, quoy qu'extraordinaire, & qu'on les convaincra infailliblement de vos Royalles qualitez, voftre Hiftoire & voftre Pané- gyrique feront l'honneur de ceux qui les entreprendront, puifque vos brillantes actions feront le prix & la bonté de leurs difcours; font elles que je regarde comme l'ame de mon Ouvrage, & non pas mes raifonnements; ainfi il eft tout à vous, SIRE, & parce que c'eft voftre bien, il vous doit revenir; c'eft par cette indifpenfable raifon de juftice, comme par celle du devoir, que je vous le dédie; c'eft pour cela que je le viens mettre en vos mains, & moy aux pieds de voftre Majefté, luy proteftant avec un profond refpect, que perfonne au monde n'a des idées plus hautes, plus vaftes, plus étenduës de fes admirables vertus, ny des fentimens plus foûmis pour fes volontez, que moy, vivant, & de- vant mourir,*

SIRE,

De Voftre Majefté,

Le plus fidelle, le plus obeïffant,
& le plus affectionné fujet,

DE LA MOTTE LE NOBLE.

ADVIS

NECESSAIRE POUR LA LECTURE
de cet Ouvrage.

Ors que le Roy estoit sur le point de déclarer la guerre aux Hollandois, *Vanbeuning* tâcha de l'appaiser ; mais comme il ne se servit pas de tous les moyens propres pour cet effet, il ne pût rien gagner sur Sa Majesté : Les Estats généraux estant indignés de ce qu'il n'avoit pas réüssy dans ce dessein, & voyant que les ressentimens du Roy estoient prests d'éclater, ils supposérent un Traitté fait entre le Roy & eux ; ils y placérent quelque Article concernant la Flandre, & l'envoyérent à la Reyne d'Espagne, luy protestant dans leur Lettre qu'ils n'avoient pas voulu le signer, & qu'ils avoient mieux aymé rompre avec le Roy de France, que de faire quelque chose contre ses intérests. Leur imposture n'eut pas l'effet qu'ils s'en estoient promis ; car la Reyne d'Espagne envoya ce Traitté au Roy, qui le desavoüa, comme estant supposé, & luy marqua par une lettre, qu'il estoit si éloigné de ces sentimens, qu'il estoit prest d'entrer en alliance avec elle pour combattre ces Peuples : La Reyne pour payer la confidence des Hollandois, par une autre, leur en fit une de ce qui s'estoit passé entre le Roy & Elle ; ils furent au desespoir de ce que leur méchanceté estoit découverte, ils en devindrent enragez ; le peu de penchant qu'ils avoient, ou qu'on eût pû leur faire avoir, pour satisfaire le Roy, se changea en une plus grande insolence ; ils rompirent tous accords ; ils firent cesser leurs négotiations ; ils rappellérent leurs Ambassadeurs, ils voulurent faire les fiers, disans qu'ils se passeroient bien de toutes les autres Puissances, & qu'ils résisteroient seuls au Roy sans beaucoup de peine : ce procédé aigrit encor le Roy, arma son bras, & le fit resoüdre à les châtier.

Voilà le secret préliminaire de la guerre de Hollande : Si

j'avois composé ce Panégyrique sur de semblables Mémoires,
& sur des instructions aussi particulières, j'aurois satisfait la
curiosité de bien des gens, & j'y aurois trouvé aussi de la matiére pour enrichir un ouvrage, & luy donner des beautez
dont il a falu le priver; mais comme c'est un Ouvrage du
temps, j'ay crû en devoir user ainsi; la guerre n'est point fi-
nie, la paix est incertaine, nous ne pouvons sçavoir la vérité
incontestablement des mémoires, & les conseils du Roy
font choses qui ne nous font point revelées, & que nous ne
dévrions point réveler quand nous les sçaurions; les intérests
des Princes liguez font bien équivoques, on n'en peut, & l'on
n'en doit point parler; c'est une chose aussi delicate de raisonner sur les amis de la France, que sur ses ennemis, leurs
Partisans, & leurs Alliez; on sçait bien le dessein de l'armement
de l'Empereur, mais on n'en peut rien dire, on n'a pas vû mesme son manifeste; tout cela m'a donné de la peine, & m'a
fait traitter l'Histoire du Roy de la manière que j'ay fait icy,
& m'a empesché de dire beaucoup de choses dont j'eusse tiré
de grands sujets de gloire pour mon HEROS.

Cependant, quoy que cet Ouvrage soit d'une autre méthode, & d'un autre œconomie que celuy que j'eusse pû faire, il n'est encor qu'une idée de ce que j'ay eü dessein de donner au public, car trois contretemps fâcheux qui regardent
l'Autheur, l'Ouvrage, & l'Impression, ont fait retrancher
beaucoup de choses dans les six derniers Traittez de ce
Livre; j'en ay retiré plusieurs articles, il n'en est point resté
dont je n'en aye osté plus de six lignes de ce que contient
l'Original; j'en ay joint en quelques endroits deux ensemble;
j'ay suprimé un Traitté pour des raisons qui regardent l'Angleterre & le Parlement, j'en ay substitué un en sa place, que
j'ay fait à mesure qu'on l'Imprimoit; on composoit la seconde feüille quand la première estoit sous la presse; c'est ce
qui fait que ces Traittez ne sont pas complets, il n'y a que celuy
qui est intitulé le *Heros Incomparable*, qui soit le plus achevé;
cependant on y verra des périodes coupés à dessein, & un

manqué dé fix articles que j'ay encor fuprimez, devant celuy qui commence par, *Outre*, qui fait la liaifon des précédents avec ceux qui fuivent, il n'y aura néantmoins rien de perdu, le *Couronnement* de mon HEROS supléera à tout ce qui manque dans le difcours, dans le deffein, & dans le particulier de l'Ouvrage.

On fçait que l'Hiftoire demande des faits articulés, & des narratives tres fimples; le Panégyrique, au contraire, veut dire des expreffions figurées, & de beaux fentimens bien pouffez; ainfi mon Ouvrage eftant une *Hiftoire Panégyrique*, j'ay dû obferver les régles de l'Hiftoire, & du Panégyrique; il ne faut pas auffi que ceux qui aiment feulement la figure de l'expref-fion, trouvent mauvais qu'il n'y en ait point par tout, & que ceux qui fe plaifent à la fimplicité de la narrative, penfent ne rencontrer autre chofe.

Outre cette obfervation du Tiltre général de mon Ouvra-ge, il y en a encor une à faire fur celuy de la premiére partie qui fe voit icy; la qualité d'*Incomparable* que je donne à mon *Heros*, m'a extrémémént refferré, car de fix penfées & de fix traits, il n'y en a eu fouvent pas un qui ait pû entrer dans un article; le tiltre d'Incomparable exclud tout, c'eft ce qui a fait que je n'ay pû rapporter des paffages admirables de l'Hiftoire fur la matiére que je traitte, parce que j'euffe auffi-toft in-troduit une comparaifon du Roy avec les autres : Pour les fentimens mefme, j'ay efté auffi gefné, dans l'appréhenfion qu'on eut penfé, ou qu'on eut pû penfer les mefmes chofes des autres HEROS.

Je ne me fuis pas arrefté à la delicateffe du ftyle, ny aux choix des mots, j'ay feulement exprimé mes penfées, & c'eft tout ce que j'ay eu deffein de faire.

Je ne prétens pas eftre refponfable de *Clar*, mis pour *Czar*, de 22000 pour 2000, non plus que des autres fautes d'une Im-preffion précipitée.

LE

DISCOURS

PRELIMINAIRE.

LA Vie d'Alexandre, & celle de Cesar
étoient autrefois les plus éclatantes & les
plus justes Régles de la conduite des Princes, des
Capitaines, & de tous les Grands hommes ; mais
aujourd'huy ces Modelles sont devenus impar-
faits, & ces Exemples défectueux : Les nouvelles
lumieres dont brille avec tant de netteté & tant
d'avantage, la Vie de LOUIS XIV. Roy de
France, nous ont fait jour, & nous y découvrent
presentement des taches ; elles nous montrent
avec évidence, qu'il a flêtri leur nom par les sur-
prenans effets de sa Valeur ; Qu'il a effacé leur
gloire par une science de gouvernement plus
heureuse que la leur ; & qu'il a enfin terni leur
réputation par la Reüssite infaillible de toutes
ses entreprises.

*

DISCOURS

LOUIS s'eft rendu l'Arbitre du fort de tous les Hommes ; il s'eft fait Maître de la fortune des autres Princes ; il tient dans fa main le deftin du monde, qu'il fait mouvoir à fon gré, fans qu'aucun autre Monarque l'en puiffe empêcher; on l'admire, on le craint, on le révére, parce qu'il s'eft mis en poffeffion, à l'exemple de Dieu, (dont il eft entre les Rois la plus parfaite image) de faire tout ce qu'il veut, malgré les veuës les plus vaftes de fes ennemis, malgré les plus fines & les plus délicates précautions des Po-litiques, malgré les plus violents obftacles des forces les plus Redoutables de toute la terre ; de maniére que l'Univers fait gloire de trembler à fon Nom, de fe foûmettre à fa puiffance, & de ceder à ce grand crédit qu'il s'eft acquis, dans les Affaires, dans le Gouvernement, & dans la Guerre.

C'eft pourquoy je foûtiens que le Roy eft au deffus des plus auguftes Exemples, puis que de luy, comme de tous ces avantages que je viens de marquer, on ne voit que de foibles reffemblances dans les perfonnes mefme des plus celebres He-ros qui ont jamais rempli le monde du bruit de leurs fameux exploits, & de leurs hautes vertus. Ainfi tout ce qu'en faveur de LOUIS on peut avancer de fort, d'éclatant & de fignalé, fera

toûjours beaucoup moindre que le merite de la
plus familiere & de la plus indifférente de ſes
actions : Tout ce que l'eſprit le plus fecond en lumieres, fera jamais capable d'imaginer & de produire pour la grandeur de ſon nom, fera toûjours au deſſous de la verité ; car les actions du
Roy répondent admirablement bien aux plus
ſublimes idées qu'on peut concevoir de ſa vertu,
& les ſurpaſſent toutes. Dire qu'il eſt infiniment
ſage, infiniment éclairé, infiniment genereux ;
c'eſt parler, ce n'eſt pas le loüer, en un mot, ce
n'eſt rien dire, quoy que ce ſoit dire tout ce qu'il
y a de parfait & d'achevé. Pour moy je ne penſe pas qu'on puiſſe faire des éloges dignes de luy,
qu'en publiant, comme je fais, avec la plus authentique des veritez, que ſa moindre gloire eſt
de n'avoir jamais eſté égalé de perſonne, & de
ne pouvoir eſtre imité que par cet autre luy-meſme MONSEIGNEUR LE DAUFIN, dans le-
quel on voit des ſemences d'une vertu pareille à
celle de ſon incomparable Pere, que le Ciel ne
manquera pas de rendre heureuſes, afin que la
vie du Roy ne paſſe pas pour une fable chez la
poſterité ; ce qui pourroit arriver, ſi les choſes
extraordinaires qu'il a faites, & qui ſont ſi fort
au deſſus de l'homme, n'eſtoient pas encor faites
par un autre.

* ij

DISCOURS

Quoy que l'on ne puisse jamais parler assez dignement du Roy, il ne faut pas pour cela demeurer dans un silence honteux aux François, sur un sujet si beau, & qui les touche de si prés, quoique son merite se soûtienne assez par son propre poids, & qu'il parle de luy plus advantageusement que nos langues : comme la grandeur de la matiere fera celle du discours, on peut tout oser quand il s'agit de ses loüanges, quoy que sa gloire n'ait point besoin d'autre éclat que de celuy qui luy est naturel, & qu'elle se passe tres-bien de la réputation des éloges, nous devons encor cependant entreprendre celles de LOUIS par un motif de justice & de zéle envers un si admirable Monarque ; c'est dans ces veuës que je donneray au public son Histoire Panegyrique sans rien craindre, puisque mon devoir sera ma caution, & le garand de toutes mes expressions; puis qu'enfin je trouve dans ce vaste, dans ce grand, & dans cet auguste sujet, dequoy réparer les defauts de mes pensées, & les foiblesses de mes lumieres.

LOUIS est un GRAND ROY, il est un SAGE PARFAIT, il est un POLITIQUE CONSOMMÉ, il est un HEROS INCOMPARABLE ; sa Puissance le fait un Grand Roy, sa Prudence un Sage Parfait, sa Science un

PRELIMINAIRE.

Politique confommé ; & fa valeur un Incomparable Heros ; ces quatre qualitez font comme les
quatre élements qui entrent dans la compofition
de fon folide merite, dont fon éclatante vertu
eft l'Ame : Ce doit eftre fous ces Noms fi propres
de la perfonne du Roy, & fous ces qualitez fi in-
féparables de ces noms que je feray fon Portrait,
dans autant de Traitez feparez;mais auparavant
que j'en parle à fond, il eft affez à propos d'en
donner icy une idée.

Qui eft-ce qui doutera que le Roy ne foit un
Heros Accompli ? il en a l'air, il en a la mine, il
en a la démarche ; on le connoit à fon gefte ; fon
bras accoûtumé au maniement des armes, & fi
fçavant dans cet exercice, eft un bon garand de
fa valeur ; tout parle Heros chez luy ; ceux même
qui ne l'ont point veu en fa perfonne, le voyent
dans fes actions, & font convaincus de cette verité ; elles leur apprennent qu'il a le cœur d'un
HEROS, qu'il en renferme les plus beaux fentimés,
& qu'il en a les véritables traits gravez dans le
fond de fon ame, puifqu'il n'y a rien qui ait pû
réfifter à fon invincible ardeur ; & pour preuve
qu'il eft INCOMPARABLE, c'eft qu'un autre que
luy feroit autant de temps à faire des promena-
des, qu'il eft à faire des Conqueftes. En effet, il a
plufieurs fois gagné des Forts, imprenables à tout

autre qu'à luy, en une heure ; des Villes confidérables par le bienfait de leur fituation, & redoutables par leurs nombreufes garnifons, en jour :
des Provinces entieres en une femaine, & des
païs aufquels il ne manque prefentement que
leur ancien nom de Royaume, en deux mois ;
fes approches mefme ont fait des Victoires, tant
il eft terrible ; *Marfal, Vvoërden & Charleroy, Skeims,*
Knotzembourg & Vorns, Doësbourg, Zuvol & Vtrec,
La Lorraine, la Flandre, Treves, la Hollande, font des
témoins irréprochables de toutes ces veritez.

Pour prouver que le Roy eft un SAGE PARFAIT,
il fuffit de dire qu'il eft LOUIS XIV. qu'il eft
luy-mefme ; car il a efté donné du Ciel pour eftre
à l'Univers le fouverain original de la prudence ;
il le fait voir de refte par fa judicieufe conduite,
mais fans chercher beaucoup loin, la douceur de
fon efprit, la bonté de fes intentions, la juftice
de fes volontez avec un difcernement admirable,
& un nombre infiny de bonnes qualitez, s'offrent
pour nous découvrir les fecrets de fa fageffe ; fes
mœurs portent le caractére de la tempérance ;
tous fes mouvemens ont une noble impreffion
du bien dont la montre mefme ne refpire encore que fageffe, & ne nous permet pas de douter
qu'elle ne foit un appanage de fon ame.

La Politique du Roy eft fi bien raifonnée,

qu'on peut parler de luy fous le feul Nom de
POLITIQUE CONSOMME': il a porté fa
Réputation auffi loin que les extrémitez de la
terre ; On le connoit à la Chine , en Guinée,
& au Perou, comme en France ; il a procuré à
fes Subjets tous les moyens de devenir riches,
& de vivre chez eux dans une paix féconde en
biens & en repos : il a mis les affaires d'Eftat
dans le meilleur train du monde : il a étably
une Police dans fon Royaume qui le rend le modelle de tous les autres : il a fourny de l'occupa-
tion à fes peuples ; il leur a donné mille utiles
attachements ; il a fait enfin le bonheur dont la
France joüit, & dont elle ne s'eft jamais veuë en
poffeffion que fous fon Gouvernement.

LOUIS eft encor un GRAND ROY, jamais
Monarque n'a porté fa fouveraineté dans un fi
haut point de grandeur, & n'a étably fon authorité fur des fondements fi folides : jamais Roy n'a
foûtenu fi vigoureufement les droits de la Couronne, & ne s'eft acquité plus dignement que luy
de toutes les fonctions du Trône : Il s'eft rendu fi
abfolu, qu'il régne au dedans & au dehors de fon
Eftat avec pareil fuccez, s'étant acquis un empire fur les Princes étrangers par un effet prefque
incroyable de fa puiffance, qui eft fi grande,
qu'elle femble régler la deftinée de toutes chofes

à son advantage, & luy ménager dans le present
& dans l'advenir, tout ce qui peut contribuer
à la gloire d'un Régne parfaitement souverain.

Aprés que le Ciel & la Terre furent créez, le
premier & le plus beau des Ouvrages de Dieu fut
la lumiere ; on ne peut manquer en imitant l'Autheur de la Nature. Je commenceray aussi le
Portrait du Roy, sous le nom & la qualité de
HEROS INCOMPARABLE, puis que c'est par cet
endroit qu'il semble briller davantage ; que c'est-
là où se trouve la face la plus éclatante de ses
actions, & par où son ame jette un rayon plus
considérable de lumiere.

LE

NEC PLVRIBVS IMPARS ODO ... INSEVLL OVR TOVS

Den Prince sans egal don heros sans pareil
Toy le brillant portait dans celuy du Soleil

P. Toustain

LE HEROS
INCOMPARABLE.

QUAND le Soleil fe leve, fes rayons font
fupportables, & quand il fe couche, on
peut le voir encor avec affez de facilité pour
peindre fa figure, & reprefenter avantageufement fa lumiére ; mais lors qu'il eft en plein midy,
c'eft une chofe bien difficile ; vouloir en faire
le portrait dans ce moment, c'eft faire un tort
confidérable à cet Aftre, c'eft reconnoiftre des
taches & des defauts dans une chofe qu'on veut
reprefenter comme la plus parfaite ; c'eft l'accufer de n'avoir pas affez de lumiére, puifqu'on
marque par cette entreprife, qu'il fouffre qu'on
le regarde affez fixement & affez long-temps pour
en obferver tous les traits, fans aveugler aucune-

A

ment celuy qui l’envifage , ce qui femble eftre
une condition néceffaire au Soleil en cet eftat, &
dans ce point d’élevation.

　Le Roy a choify le Soleil pour fa Devife ; & par
la nature & la qualité de cet Aftre , nous appre-
nons , que dans l’extraordinaire & l’éclatante
gloire de fes Conqueftes, qui eft le midy de fa
vie , c’eft à dire le point le plus brillant , on ne
peut pas le peindre auffi achevé qu’il eft en foy-
mefme ; qu’il faudroit pour en bien marquer l’héroïque mérite , & en faire un jufte portrait, s’en
dire aveuglé , & avoüer fa foibleffe : Cependant
on peut tracer fon image , & en donner de véritables idées : J’entreprends cet Ouvrage, tout difficile qu’il eft , & pour cela je regarde le Roy
comme je ferois le Soleil dans l’eau ; je le confidére feulement dans fes illuftres défaites & les
débris fameux des païs qu’il a réduits fous fa loy
& fon Empire : Je n’éleve point mes yeux vers
fon augufte Perfonne , elle eft environnée de
trop d’éclats, c’eft pourquoy je me rabas fur ces
défaites, où je ne vois que les effets de la reflexion
de fa lumiere, qui par cette raifon , & par le bienfait de ce moyen, me devient un peu plus fup-
portable.

　LOUIS a paffé comme un foudre dans les
pays dont il a efté tirer les juftes vangeances

deuës à fa Majefté offencée dans fes Droits, & à fa Perfonne outragée dans fa Réputation : On peut ainfi raifonnablement foûtenir que le Ciel approuvant fa conduite, & juftifiant fes reffentimens, luy a mis en main fon épée vangereffe, pour fatisfaire fon honneur par une punition fignalée, par un châtiment celebre, & par une déroute fameufe & generale de tous fes ennemis, qui femblent eftre devenus ceux du Ciel, & l'avoir forcé de faire de LOUIS fon Ange Exterminateur, car il faut avoüer que les chofes furprenantes qu'il a executées, ne peuvent partir que d'une ame fortifiée de l'efprit de celuy qui fe dit le Dieu des Armées ; les miracles qu'il a faits demandent un bras foûtenu d'un divin ; & les étonnantes révolutions que fes armes ont caufé, font les coups d'une main dont le mouvement & le reffort doit venir d'enhaut.

Demeurons d'accord qu'il y a du miftere de Dieu dans ces Conqueftes, rendons cette juftice au Ciel, & cette loüange à LOUIS, mais ne détruifons point le mérite des agens libres, difons qu'il y a de l'homme dedans, ou plûtoft du Heros, mais du Heros encor d'un caractere tout particulier, & pêtry d'une autre fubftance que celle de tous les autres Heros, & dans laquelle il y entre des élemens auffi purs qu'ils font en eux-mefmes, car LOUIS eft la valeur en original ; mais une valeur judicieufe, fage, & raifonnée : Nous voyons l'impreffion de toutes ces admirables qualitez dans tout ce que le Roy a entrepris ; Nous remarquons qu'il a toûjours eu la JUSTICE pour principe & pour fondement ; cette Juftice a efté foûtenuë d'une FORCE fans exemple ; l'ame de cette Force a eftéfa VALEUR qui la conduite, & qui paroit non-feulement en cela, fes FATIGUES en font auffi le mérite ; fes HARANGUES à fes Officiers & à fes Soldats, montrent qu'elle eft bien raifonnée ; Sa MODERATION enfin pour mettre les armes bas, quand on s'humilie, & quand on rentre dans fon devoir, fait clairement voir que cette valeur n'eft pas un emportement de courage, ny une convoitife des Eftats d'autruy.

La vertu héroïque de tout ce qu'il y a eu de Conquérants depuis la naiffance du monde, n'a point eu de motifs ny de fondements fi juftes que celle du Roy, ny d'effets fi glorieux, comme on connoiftra par la fuite, auffi les furpaffe-il tous, fans en excepter aucun ; Je veux m'attacher particulierement à la perfonne d'*Alexandre*, & de *Cefar*, pour montrer leur difparité d'avec le Roy, puifque c'eft ma thefe & mon premier deffein. Je ne puis fouffrir qu'on dife qu'il eft

vaillant comme Cefar, & genereux comme Alexandre, il l'emporte au deſſus d'eux, le plus
grand honneur qu'ils pourroient prétendre s'ils
revenoient au monde, ce feroit d'eſtre Marefchaux de France; je diray pourtant d'eux des chofes confidérables. Le party du Roy eſt ſi fort,
qu'on peut augmenter les advantages de ceux
qu'on veut faire paſſer pour ſes maîtres, ſans
craindre que ſa valeur coure aucun riſque; ceux-
cy eſtant confondus, ils exclûront avec eux tous
les autres Heros, & les mettront hors de la comparaiſon qu'on en voudroit faire avec le Roy:
Les choſes que je rapporteray ne feront pas ſeulement des diſcours pompeux qui ne peuvent
avoir d'autre credit que de phantômes oratoires,
& de loüanges bâtardes, ce feront des faits dont
la vérité convaincra bien mieux, que les idées de
l'eſprit, qui n'ont ſouvent pour baſe que le ſable
mouvant de l'imagination.

On ne s'eſt jamais aviſé de dire, à la loüange
de Cefar, une choſe qui eſt infiniment au deſſus
de toutes celles qu'on a publiées pour eſtablir ſa
grandeur, & pour luy donner la qualité & la réputation de Heros, c'eſt qu'il a défait dans les
Gaulles, qui ont eſté le Theatre de ſes Victoires,
autant d'hommes qu'il a marché de pas, & qu'en
avoient les Gaulles; il a vaincu trois millions

d'hommes, & les Gaulles avoient ce nombre de
pas. Voila ce me femble le plus bel endroit de la
Vie de Cefar, & la plus belle face de fa valeur;
car lever le pied de deffus une tefte brifée, pour
l'affoir fur une autre, afin de l'écrafer encor de
mefme, & continuer ainfi ce jeu en marchant
de cette force dans une longue carriére, cela eft
furprenant.

LOUIS n'a rien moins fait que tout cela, il
a marché fur une droite ligne dans les païs qu'il a
conquis en Hollande, & fur les coftez de cette
ligne; il y avoit cinquante Villes confidérables
dont il s'eft emparé, cueillant des Lauriers de l'u-
ne & de l'autre main tout enfemble; ainfi fans
parler des Villages dépendants de leurs Seigneu-
ries, comptant feulement chaque Ville pour fix
mil hommes en Habitans & en garnifon (c'eft
extrémement réduire toutes chofes) Le Roy a
vaincu trois fois autant d'ennemis qu'il a marché
de pas, puifque ce païs pris de ce biais, ne contient que cent mil pas, & que le nombre de fes
ennemis défaits montent à trois cens mil hommes. En cela ce HEROS furpaffe Cefar, & en ce
qu'il n'a mis que neuf femaines à faire ces conqueftes, & ce Romain neuf ans à faire les fiennes;
Pendant un fi long-temps LOUIS triompheroit
du monde entier, de l'air dont il s'y prend.

Le plus bel endroit de la Vie d'Alexandre, est le moment dans lequel il passa de son Camp dans la ville des *Oxygraques*, par dessus les murailles, dans laquelle il eust perdu la vie, si Ptolomée qui l'accompagnoit n'eust mis son bouclier au devant de luy, & si Lemneus ne se fust pas exposé aux traits des fléches qu'on tiroit sur ce Prince, dont il mourut, pour luy conserver la vie.

LOUIS a fait quelque chose qui est au dessus de cette action d'Alexandre, car ce Macédonien ne combatoit que contre des hommes, & passa sur une terme ferme, en se jettant dans cette Ville ; mais le Roy avec son armée se jettant dans le *Rhein*, par le Gué de *Tolvis*, passa sur un élement mobile, & se vit renfermé dans le Canal de ce Fleuve : il y combatit contre son extraordinaire rapidité, contre ses épouventables précipices, & contre des furies retranchées sur l'autre bord ; je veux dire des *Hollandois* enragez contre sa Personne. Il triompha cependant de tous ces dangers, il franchit tous ces périls, il surmonta tous ces obstacles, il vainquit enfin tous ses ennemis avec une valeur sans égale, avec un succés le plus heureux, & le sort le plus favorable qui se soient jamais veus, quoy qu'il fut hors d'une libre défence, aussi-bien que toutes ses Troupes.

Par cet heureux deſtin & cette réüſſite infaillible de toutes les entrepriſes du Roy, qui ſont ſi
fort au deſſus de celles des plus grands hommes
qui ont jamais eſté, ſon mérite n'en eſt-il point
diminué, n'en ſouffre-t'il point quelque taches,
tant de bonheur eſtant ſuſpect ; ne ſeroit-ce point
auſſi un ouvrage de la Fortune, auſſi-bien que de
ſa Valeur, ou de quelque Puiſſance ſupérieure ?
car la Fortune, cette maîtreſſe du ſort des hommes, a ſes raiſons auſſi-bien que ſes caprices ; elle
peut faire des choſes éclatantes, & avoir des
actions continuës, rien ne l'en empeſche, elle a
regardé favorablement les Romains pendant
ſept cens ans, ne ſe plairoit-elle point de meſme
à faire triompher le Roy ? Ne ceſſeroit-elle point
d'eſtre inconſtante en ſa faveur, charmée des
Vertus d'un ſi grand H E R O S ? Aſſeurément, il y
a du deſtin dans les actions héroïques de LOUIS;
il y a de la Fortune, demeurons-en d'accord,
mais c'eſt toûjours ſa Valeur qui fait ſon deſtin &
ſa fortune, c'eſt ainſi que l'un & l'autre ont tout
fait ce qu'il a entrepris. Cette raiſon du deſtin ne
peut diminuer le prix de ſon courage, elle ne dé-
truit point le mérite de ſes actions, & n'affoiblit
point ſa vertu, puiſque tout ce qu'il execute, a
ſon principe dans luy-meſme, dont il ſort, & dont
il émane.

Les

Les qualitez du corps font ordinairement les
fignes vifibles de celles de l'ame , que nous ne
connoiffons ordinairement que par eux, parce
que le tempérament des hommes en eft la raci-
ne : Ceux qui ont un corps vigoureux , ont une
ame forte : *Hercules* , dont la valeur & le courage
l'ont fait le Heros de l'antiquité , donna de grandes idées de ce qu'il devoit eftre dés fon enfance;
n'eftant encor qu'au berceau , il étrangla deux
ferpents qui venoient le devorer ; la conduite
de fa vie n'a pas auffi trompé l'efpérance que ce
commencement & cette marque de force firent
concevoir de ce courage , & de cette valeur qu'il
fit depuis paroiftre.

Il eft arrivé la mefme chofe en la perfonne du
Roy ; la vigueur de fon tempérament a marqué
celle de fon Ame , c'eft une caution qui nous répond que fa valeur a fon principe dans luy-mefme , qu'il n'eft point genereux par hazard, & que
fes Conqueftes ne font point de pures faveurs du
fort. On a veu le Roy dés fon enfance avoir une
ardeur pour toutes les grandes chofes ; il a paru
aimer les Inftruments & les objets de la gloire,
avant mefme qu'il l'a puft connoiftre avec un véritable difcernement ; ce qui eftoit de l'employ
d'un Heros luy plaifoit ; des empreffements pour
ce qui portoit le caractére de Mars , ont efté les

B

premiers defirs de fon ame ; tout ce qui avoit l'i-
mage de la valeur , & la montre du courage , le
charmoit ; un mouvement preffant de fon cœur
pour les exercices d'un grand Capitaine , fe ma-
nifeftoient par des geftes extraordinairement ani-
mées , fes actions avoient une impreffion d'intrépidité ; fes regards eftòient dés ce temps-là redoutables quand il crioit au berceau ; il parloit guerre , & quand on s'entretenoit en fa prefence de
quelque trait de generofité, on euft dit qu'il l'en-
tendoit, & qu'il y vouloit répondre , par de cer-
taines afpirations qui ne le marquoient que trop.
S'il n'a point triomphé de ferpens comme Her-
cule, c'eft qu'il n'en a point eu à combatre, rien
au monde n'a ofé l'attaquer , toute la nature a eu
un preffentiment de fa force ; mais il n'y a rien de
furprenant en cela, les *Vertus Héroïques* eftoient
venuës fe ranger fous fa loy dans l'inftant qu'il
vit la lumiere : S'il n'y a point de Princes de fon
âge qui luy puiffent eftre comparez, c'eft que ces
Vertus avoient deferté leurs Royaumes & leurs
Palais pour venir fe rendre auprés de fa Perfonne ;
& fi dans le nombre de ceux qui font d'un âge
plus avancé, il n'y en a point encor qui ayent de
pareils avantages, & de femblables perfections,
c'eft que ces mefmes Vertus travaillans dés ce
temps-là à enrichir fon deftin, elles eftoient oc-

cupées à l'embellir comme elles ont fait ; leur prefence aufli à fa naiffance nous a découvert les
beaux fentimens de fon cœur, par des traits in-
conteftables ; mais fi l'enfance de LOUIS a efté un
préjugé de ce qu'il eft prefentement, fa Concep-
tion en a efté un de fon enfance, les témoignages de fa Valeur peuvent fe prendre dés ce temps-
là ; car les premiers fignes qui ont coûtume de
montrer la groffeffe des femmes, ne parurent pas
plûtoft à la *Reine* fa Mere, qu'un chacun crut
aifément, dit l'Hiftoire, qu'Elle auroit *Un Fils* ;
ces marques naturelles qui menèrent tous les
hommes dans la connoiffance d'un Garçon, &
non pas d'une fille, nous apprennent-elles pas
qu'on cruft bien que les mouvements de l'enfant
qu'elle portoit dans fes flancs, eftoient *Mâles*,
c'eft à dire *Généreux, Martiaux, Héroïques*, mais non
point doux, paifibles, & remis, comme font
ceux d'une fille ?

C'eft aufli en veuë de ces marques de courage
fi fenfibles à la naiffance du Roy, & fi vifiblement
imprimées dans fon Ame, dans fon Cœur, & dans
fes Sens mefme, qu'on luy a donné le nom de
LOUIS, comme un Nom propre à exprimer fa
Vertu Héroïque, & à nous en marquer l'origine &
les fuccez, dont je prétens faire icy l'*Hiftoire* :
Cette propofition femble une énigme qui de-

mande un éclairciſſement, je vas le donner.

Depuis la création du Monde, on a donné le nom aux enfans, de deux maniéres ; lors de la Circoncifion on leur impofoit des noms qui fignifioient toûjours une de leurs qualitez dominantes ; mais dans la cérémonie du Baptefme qui eſt la feconde & la prefente maniére de donner le nom, on a toûjours pris celuy du parrain ; Cependant le Roy qui eſt venu dans le temps de cette derniére cérémonie de la Loy noüvelle, n'a point porté le nom du fien, qui eſt *Jules* ; ainſi s'appelloit le Cardinal *Mazarin*, fon Parrain, en voila la raifon : Le Roy donnant de fi grandes preuves de fon courage, & devant ramaſſer en fa Perfonne la valeur des *Samfons* & des *Davids*, & des autres Heros de l'ancienne Loy, auffi-bien que celle des *Conftantins*, & des *Theodofes*, & des autres Heros de la nouvelle ; il faloit qu'il participaft aux cérémonies de l'une & de l'autre, & pour cela qu'il fuſt lavé & ondoyé à la façon Moderne, & *Nommé* felon l'Ancienne, c'eſt à dire d'un nom qui exprimaſt fes qualitez.

Ce nom a efté celuy de LOUIS, qu'on luy a donné comme un nom dans lequel fe trouvent les idées de fa Vertu héroïque, de fa Force, & de fa Valeur : Nous pouvons bien avoir quelque foible imagination de ce qu'il eſt en foy ; mais

pour en expliquer les propriétez, en raisonner la
grandeur, & en d'écrire les précieuses qualitez,
c'est ce qui ne se peut ; car ce Nom semble estre
en quelque façon *Ineffable* pour nous ; Et s'il
a passé par treize Rois auparavant que de venir
au Roy, c'est que la nature le cultivoit ; elle travailloit à faire un coup de maistresse. Ce n'estoit
que des coups d'essay dans les premiers Rois, le
temps a grossy le mérite de ce Nom, il faloit qu'il
luy donnast sa perfection, & la consommation
de sa force, pour produire les effets dont il a esté
le pronostic mystérieux en la personne du Roy ;
je ne pense pas qu'on en puisse exprimer la Vertu
que par une façon de parler rude & peu délicate
de l'Ecolle, mais cependant tres-nette & tres-
juste : Par exemple, ce qui a constitué le Che-
valier *Baiard* en qualité de *Pierre du Terrail*, est selon les Philosophes, la *Pétreïte* qui passe chés eux
pour une essence tres-pure & tres-dégagée, qui a
fait & donné la forme, la substance & l'éxistence
à la Personne de Baiard ; mais comme ces trois
choses sont renfermées dans l'ame & dans le corps
qu'elles ont pour appanage, il semble aussi qu'il
faille une demeure à cette essence, & qu'elle soit
logée dans le *Nom* comme dans une chose qui
luy est proportionnée, & qui tient de l'intelligence comme elle, n'estant aucunement visible

ny fenfible : C'eft ainfi que l'héroïque vertu de
LOUIS eft renfermée dans cet augufte *Nom* , &
qu'elle le fait triompher par tout où il s'étend.
Zifca, grand Capitaine, ordonna qu'aprés fa mort
on l'écorcha pour faire un Tambour de fa peau,
croyant qu'il effrayeroit encor par ce moyen fes
ennemis , & que s'en eftoit un infaillible pour
remporter la victoire. Si le fon d'un Tambour,qui
n'eft qu'un air batu fur une peau infenfible , fans
efprits, & incapable d'aucune action,peut gagner
des batailles , que ne pourra point un Nom arti-
culé , un Nom prononcé diftinctement , qui a
une fignification efficace,qui dit de grandes chofes dans l'efprit mefme & le fens de la lettre ; &
qui eft enfin une effence active,ou du moins qui
la renferme. Ce grand Nom , qui eft celuy de
LOUIS, a auffi paru tout-puiffant , un Nom
triomphant, un Nom qui a furpaffé la vertu de
tous les autres, un Nom qui a efté fi terrible, que
la Terre & l'Onde ont fremy à fa feule pronon-
ciation.

· On le fçait , & on l'a veu en faveur du Nom
de LOUIS ; la *Mer* a appaifé ou augmenté fon
courroux, enflé ou diminué les vagues , pouffé
ou retiré fes flots , calmé ou excité fes tempeftes,
monté plus haut ou defcendu plus bas que fes
limites , pour luy plaire, pour le fervir, pour luy

difpofer la victoire ; le gain de la bataille de fes
armées navalles en 1672. en eft une bonne
preuve, & ces avantages qu'il a encor remporté
par Mer cette année fur les Hollandois, en eft
une feûre caution. Le *Pavillon Blanc* y a regné
en maiftre ; tous les vaiffeaux François fi figna-
lérent ; l'*Illuftre* & le *Vaillant* accomplirent la
grandeur de leur nom ; le *More* porta la terreur & l'éffroy du fien ; le *Conquerant* & l'*Invincible*
eurent l'effet du leur ; le *Bourbon* accomplit le
deftin & la gloire de la maifon dont il l'a em-
prunté ; l'*Apollon* chanta la victoire ; & l'*Orifla-*
me en arbora le Drapeau ; les *Brûlots* achevé-
rent leur fort & brûlérent, mais non pas inutilement ; un *Contre-Admiral Hollandois* en fut confommé , & un *Zélandois* embrafé ; le nom de
LOUIS fembloit mefme enchanter tous les
vents, & les conjurer par un charme tout nouveau de luy eftre favorables, car *Ruyter* voulant
plufieurs fois gagner le vent & coupper l'armée
en deux, ne le peut jamais faire , avec toute fon
adreffe aux chofes de la Mer ; le vent eftoit tout
François ; les vaiffeaux de la flotte de Hollande
furent prefque tous démâtez , plufieurs brifez en
mille morceaux, plufieurs demeurez fur les bancs
en fe retirans , leurs Vices-Admiraux *Schram*,
Ulugh, leurs Capitaines *Van Berg, Megauth* & *Bacher*

ont esté les Victimes sacrifiées à la juste vangeance
de LOUIS, & immolées à la gloire de cet Auguste *Nom*. Toute cette Flotte eust péry sans res-
source, si *Tromp* n'y eut pas commandé, car il a un
Talisman plus puissant que les *Gamahez* des Rabins,
qui estoit seul capable de la garantir de sa totalle
défaite : Pour la gloire que son Pere acquist devant *Dumkerque*, la France luy envoya une *Fleurdelys*
d'Or, avec permission aux Tromps d'en porter
une dans leurs Armes. C'est à cette *Fleurdelys* à qui
les Hollandois sont si redevables, laquelle opére
des miracles, & peut mesme quelque chose chez
ses ennemis ; si avec ce gage le fils de ce *Tromp* eust
eü le nom de LOUIS favorable, il eust esté à
craindre ; mais comme ses influences & sa vertu
estoïent toutes pour le Pavillon *Blanc*, il a aussi
eü toute la Victoire ; il est pourtant vray que
l'armée navale du Roy y a perdu deux Vaisseaux,
un nommé la *Résolution*, mais il s'y attendoit ;
c'estoit son dessein, il y estoit résolu ; & l'autre
nommé le *Foudroyant* : mais comment eust-il
esté le Foudroyant, s'il n'eust péry ; la foudre se
créve en mesme temps qu'elle écrase, & il faut
mesme qu'elle se créve, parce que ce sont les
éclats qui écrasent ; il faloit bien acheter à
quelque prix la défaite des Hollandois ; ils ont
pris de là occasion de publier que les Pays-Bas
avoient

avoient eü la Victoire ; les Païs-Bas ont esté Victorieux , j'en demeure d'accord , s'ils entendent
par ces *Païs-bas* , un Vaisseau de la Flotte du Roy
qui porte ce Nom , c'est ce qu'ils veulent dire :
Ils ont encor eu aussi peu de justice quand ils ont
chanté Victoire dans Amsterdam, aprés le troi-
siéme Combat qu'ils ont si bien perdu , que trois
de leurs Vaisseaux sautérent en l'air, plusieurs furent desemparez , & d'autres coulez à fond : Un
Vaisseau autrefois porta *Cesar & sa Fortune*, mais
le Vaisseau nommé la *Cage*, portoit dans ce Combat *La Hollande & son malheur* ; & comme il fut
coulé à fond des premiers , on peut dire que la
Hollande a fait sous la Flotte du Roy la mesme figure que *Bajazet* fit dans cette Cage de fer ou le renferma *Tamerlan*, & qu'il foulloit souvent aux pieds.
On y vit périr *Liefde* & *Suveers*, Lieutenans Ad-
miraux, & *Schaveen* Vice-Amiral ; les Capitaines
Gueldre , *Vangolder*, *Suverin*, & plusieurs autres Braves ; mais du costé du Roy, il n'y eut pas un seul
Vaisseau perdu ny endommagé ; tout y fut con-
servé, jusques aux Soldats , par la vertu de son
Nom, qui présidoit à leur salut.

La réputation & la Vertu du Nom de LOUIS
a étendu sa Puissance sur la *Terre*, aussi-bien que
sur la Mer ; cet auguste Nom s'y est rendu terrible, il s'est fait redouter chez ceux qui sembloient

C

en eftre les plus ennemis; fa Grandeur a fait trembler l'Occident ; chaque membre de l'Empire n'a voulu travailler qu'à fa feureté particuliere quand on a veu prendre les armes au Roy, & tous enfemble n'ont ofé faire un armement general pour la protection publique. Ce Nom a fait peur aux Princes de l'*Elbe*, du *Danube*, & du *Vveefer* ; & à l'exemple du Soleil, qui fond & qui endurcit divers fujets en mefme temps, & par la mefme chaleur, il a fait mettre bas les armes à *Brandebourg*, & les a fait prendre à *Baviere* en fa faveur : Plufieurs Eftats ayant efté follicitez par la Cour de *Vienne* de laiffer paffer des trouppes fur leurs terres pour aller contre le Roy, l'ont refufée ouvertement ; les Suiffes ont fait de mefme ; l'Electeur de *Tréves*, dans le preffentiment de ce qui luy eft arrivé, envoya des prefens au Roy devant *Doefbourg*, pour l'appaifer, & tâcher de le prévenir : Le Comte de *Vindifgratz* qui a affemblé une Diete particuliére chez les Princes de la Maifon de *Brunfvuic*, pour propofer une jonction d'armes avec quelques Cercles de ces contrées, y a fi peu réüffy, qu'aujourd'huy les mefmes Princes s'intéreffent avec la *Suede* pour faire rappeler l'armée de l'*Empereur*, ce Comte n'a pû mefme obtenir de la *Baffe Saxe*, la moindre des chofes qu'il y eftoit allé demander, & l'Empereur auffi

a efté plus d'un an fans ofer prendre les armes
contre LOUIS; par là il a reconnû la puiffance
de fon Nom; & ailleurs nous verrons comme il
aura connû & fenty celle de fon bras, & la force
de fes armes: Difons encor icy feulement que ce
Nom a efté fi redoutable, que les chofes infenfibles mefmes s'y font renduës; car un jour que le
Roy partit de Nancy, & qu'il faignit prendre fa
route vers le *Hainaut*, le rampart de *Mons*, fa
Capitalle tomba, comme pour luy faire paffage,
& pour luy donner entrée.

Puifque LOUIS eft la copie de Dieu, & la
vivante image de ce grand original des Rois, je
peux dire que fon Nom eft terrible à l'exemple
du fien, & que cet Incomparable Heros eft comme Dieu, par tout; qu'il a une immenfité de puiffance, de gloire & de valeur, en fa manière cependant, car il eft fur la *Mer* par la terreur de
fon Nom, comme nous avons veu; il eft fur la
Terre par l'effroy de ce mefme Nom; il eft dans
l'Allemagne par la crainte qu'il y jette; il eft dans
les Eftats voifins par la frayeur qu'il y refpand; il
eft à *Cologne*, à *Munfter*, à *Strasbourg*, par une
alliance que fon redoutable courage y a fait faire;
il eft en Efpagne par la confternation qu'il y envoye; il eft dans les autres Royaumes par l'abaif-
fement qu'il y caufe de leur grandeur, & qui

C ij

vient de son extraordinaire élevation ; il est dans
les pays éloignez par l'admiration qu'il y envoye
de ses heroïques vertus ; il est dans son Royaume
par sa sagesse ; il est dans la Hollande par ses éclatantes victoires. Ainsi le Roy est present par tout,
sans estre en aucun lieu, par son *Activité* ; il est
dans tout, sans y estre renfermé, par sa *Puissance* ;
il est hors de tout sans y estre exclus ; par sa *Répu-*
tation ; il est au dessous de tout, sans estre au bas,
par sa *Modération* ; il suffit ainsi seul à luy-mesme, pour toutes ses affaires & ses entreprises.
Mais pourroit-on point aussi douter si le Roy est
à luy-mesme, estant à tant de choses? non, cela ne
se peut, car estant un agent universel , & le premier & souverain mobile de toutes les révolutions qui se voyent dans le monde ; & toutes choses estant ainsi dans luy-mesme par la dépendan-
ce de sa volonté & de son pouvoir, il sera toûjours
à luy-mesme, estant à toutes choses.

Quoy que le Roy soit par tout, on peut pourtant dire qu'il n'a jamais esté plus en aucun lieu
que dans les combats ; plus à luy-mesme par aucun endroit que par sa valeur ; plus redoutable que dans l'occasion, & plus terrible que dans
l'attaque. On a veu sortir de ses yeux en cet estat
un nombre infiny de regards , ou plûtost de foudres qui faisoient tant de ravages & de débris ;

qu'ils fembloient diminüer le prix de fes victoires en les rendant trop faciles;il a pourtant extrémement travaillé, il le faut avoüer, car les efforts tout puiffants de fon bras dans les fréquentes défaites, en ont fouvent fait l'impuiffance en
le laffant, & l'on a veu ce HEROS eftre vaincu
par fa propre victoire : Cependant les ennemis
voulant demeurer fermes dans les lieux qu'ils défendoient contre luy, n'ont pas laiffé de faire ce
qu'ils defiroient ; il les a fortement fecondez dans
leur deffein , en les faifant demeurer dans leurs
poftes pour jamais ; on euft dit que ceux qu'il
combatoit ne venoient pas l'attaquer , mais en
recevoir les coups, fe tenans glorieux d'eftre frap-
pez d'une fi augufte main ; mais auffi par un nouveau genre de fupplice,pour punir leur audace &
leur fureur , il les laiffoit à demy morts, car il
avoit tant d'ennemis à combatre , qu'il n'a jamais frappé fur la mefme tefte , le fecond coup;
ils eftoient contraints de demander en grace le
trefpas à fes Officiers & à fes Soldats, à qui il les
laiffoit achever. Ainfi on peut foûtenir que tous
fes ennemis n'ont eü affaire qu'à un homme; c'eft
comme il faut nommer le Roy en cet endroit,
eftant mortel & vulnérable comme eux, & que je
nommeray ailleurs un demy-Dieu, un HEROS
INCOMPARABLE, il a du merite au delà de ce

qu'il en faut pour cela, ayant vaincu d'une maniére si terrible, que l'Univers a douté s'il le
vouloit détruire, & a craint pour ce HEROS
mesme, de ne subsister plus, & de ne pouvoir four-
nir un théatre à ses fameux exploits.

Dans le feu extraordinaire que le Roy faisoit
avec son Armée, les vapeurs épaisses que la
poudre élevoit, corrompoient l'air, ou plûtost
sembloient l'avoir chassé pour se mettre en sa
place, car on ne respiroit plus là où estoit ce
HEROS, que poudre & salpestre tout pur ; elles
cachoient le Ciel, on n'en voyoit point une seule partie, non plus que s'il fut retourné dans le
néant ; la multitude des cadavres avoit couvert
la terre, en sorte qu'on crût qu'il n'estoit plus de
terre, car on ne marchoit que sur des corps
morts, le sang qui en sortoit avec abondance
avoit changé la couleur des Riviéres, & altéré
leur nature ; tous les élemens estoient dans un
cahos ; le feu sembloit y régner seul, les autres
estant confondus ou changez en luy : le Roy
promenoit ainsi par tout le desordre de la nature, & le malheur de la Hollande : ces élemens qui
parurent changez de place, estonnez de cette
étrange catastrophe, & de ces mouvemens subits
causez dans l'Univers, par le branse & le contre-
coup des Armes de LOUIS, firent peut-estre

qu'un docte *Académicien*, obfervant en ce temps-
là les Aftres & la conftruction du Monde, ap-
perçeut que la Terre mouvoit ; il faut que cette
fecouffe des élements & de l'Univers, arrivez par
les Armes du Roy, luy en ait fourny la matiére:
Pytagore qui eft le premier Autheur de cette doctrine, en a apris affeurément l'idée dans l'avenir.
Copernic qui en a efté le reftaurateur, en a auffi de
là tiré les preuves. Et *Galilée* leur léctateur en a
leû comme eux les témoignages dans les Aftres
qui devoient dominer en 1672. il faut prendre
leur doctrine comme des prédictions d'Aftrolo-
gues : En effet, ils en eftoient de tres-éclairez , &
fi cet Académicien donne quelque jour un fifté-
me nouveau, je m'affeure qu'on verra dans la
démonftration de la mobilité de la Terre , quelques traits de la cataftrophe fanglante procurée
par le bras de LOUIS , & quelque image de cette
confufion qu'il a mis en ce temps-là par fes Armes dans l'Univers.

   Philippes II. fe vantoit que de fon cabinet , il
feroit mouvoir toutes les quatre parties du Monde : le Roy n'eft pas fi fçavant dans l'union &
l'alliance du repos avec le mouvement. Il céde à
Philippes là-deffus, il ignore le fecret de faire une
fi grande action au milieu de la tranquillité, il
veut avoir le bras extrémement libre , & une

estenduë plus vaste que celle d'un cabinet ; il demande toute une Campagne : Le Roy est aussi
plus sçavant qu'*Archiméde*, ce grand homme se
vantoit aussi de faire mouvoir toute la Terre,
pourvû qu'on luy donnast un lieu hors de l'appuy
de cette masse sur lequel il pust asseoir son pied,
ce qu'il n'a pû trouver. Mais LOUIS, plus habile
que luy, la rencontré ; ce lieu est le sein de la valeur, d'où il s'est élevé, aprés y avoir plongé son
ame ; c'est ainsi qu'il a fait mouvoir le monde
entier.

Le sens de ma Thése n'est pas si littéral que les
expressions & les termes dont je me sers. Par le
monde, j'entens icy le politique, & non pas uniquement le naturel & le sensible ; par ces surprenantes catastrophes, j'entens ces changemens ci-
vils que les Victoires du Roy ont fait ; & par la
mobilité de la Terre, l'ébranlement de toutes les
puissances de l'Univers, les plus fermes & les
mieux appuyées, à qui le succez des Armes du Roy
a donné d'étranges secousses ; la découverte de la
mobilité de cette pesante machine du Monde,
dans ce temps-là, est un signe qui nous a figuré
ces ébranlemens ; car c'est l'ordinaire des choses
extraordinaires, comme des grandes révolutions,
d'estre marquée par quelque signe ; & si dans ce
cas de la mobilité de la Terre, le Soleil doit estre
fixe,

fixe, ne concluons rien contre le Roy de cette
néceſſité, ſon action continuelle ne l'en empeſche point. A-t'il pas toujours eſté fixe, eſtant
inalterable dans ſes réſolutions, ferme dans ſes
deſſeins, immuable dans ſes promeſſes, invincible
dans les combats, & incapable d'aucun ébranlement ? Ces actions ſont comme la lumiére qui
peut mouvoir, & ſon ame comme le Soleil, qui
cependant peuvent reſter tous deux paiſibles :
Quand je dis que le Roy a imité Archiméde, &
qu'il l'a ſurpaſſé en trouvant le ſecret de mettre
un pied hors de la terre ; j'entens dire que plus
véritablement, & d'une maniére plus noble, plus
judicieuſe, & plus héroïque que L O U I S XI. il
a ſçeu ſe mettre hors de Page par ſes victoires ſi-
gnalées, en ſe mettant hors du commun des Princes, des Rois, des Capitaines, des Conquerans,
& de tout ce qu'il y a de Heros.

Nous avons de ſon incomparable valeur des
gages inconteſtables; il y a dans Noſtre-Dame
de Paris,cent Drapeaux & Guidons que ce HEROS
apporta au retour de ſa premiére Campagne, &
qu'il fit porter par cent Suiſſes dans cette Egliſe
en action de graces: Voilà de belles aſſeurances
de la valeur de ſa Perſonne, & qui doivent eſtre
bien cheres à la France ; car il ne faudra dans les
ſiécles advenir qu'oppoſer ces précieux depoſts à

D

tous les contretemps qui pourroient arriver, pour
les éloigner entiérement. Un esprit victorieux,
une intelligence triomphante, & un dessein do-
minant en ont la garde; L O U I S leur a donné
ordre de ne les jamais abandonner, afin que par
tout où ils seront portés, ils garantissent la France des défaites, & luy asseure le gain des Combats; ce grand nombre de Drapeaux mettra tous
nos guerriers à couvert, ils recevront les coups
pour en garantir nos soldats, il ne faudra que les
arborer devant les ennemis, & ils seront aussi-tost
défaits.

Il y a encor des témoins irréprochables des efforts du bras de L O U I S, de bons garands de la
grandeur de son Ame, & de celébres cautions de
l'ardeur invincible de son cœur; les témoins parlent dans l'ordre de la justice; ils font leur preuve
par la voix, mais dans l'ordre de la valeur, ils la
font par le silence; qu'il y a de témoins comme
ceux-là, du courage de LOUIS! les campagnes
font semées de corps morts; les fossez des Villes
font comblez de cadavres; on ne voit par tout
que des Hollandois sans vie proche des Villes
conquises, qui par la montre honteuse de leur défaite, parlent avantageusement de la valeur du
Roy; ceux qui étendent la main hors de terre à
demy enfoüis, la lévent pour jurer qu'ils n'ont ja-

mais veu un fi grand HEROS que L O U I S , &
que tout ce qu'on leur a dit des autres , & tout ce
qu'ils en ont veu , n'a point égalé fa valeur ; ceux
qui fortent le pied , nous veulent apprendre qu'il
n'y a point de talon qui foit invulnérable quand
L O U I S frappe , & qu'il triompheroit d'une armée d'Achilles ; ceux qui montrent la tefte taf-
chent de le voir encor aprés leur mort , & cherchent , tous infenfibles qu'ils font , leur digne
vainqueur pour l'admirer ; ceux qui étalent leurs
playes aux yeux , veulent faire voir au dedans
d'eux-mefmes , la terreur & l'effroy que fa valeur
jette dans les hommes ; ceux enfin qui font expofez tout de leur long fur la terre , reprefentent ce
que LOUIS eft en tout ce qu'il eft, c'eft à dire par
fon Nom terrible , par fa Valeur incomparable,
& par fes fanglantes & épouventables vengean-
ces, redoutable plus que n'a efté aucun Heros.

La nature a rougy plus de mille fois , de voir
couler des flots de fang humain , elle a eü en
horreur des victoires mefme tres juftes ; elle a re-
proché par beaucoup de préfages la cruauté des
Conquérants , qui eftabliffent leur grandeur &
leur gloire fur des débris ; elle a condamné fouvent toutes ces chofes comme des attentats, contre l'humanité & la piété ; elle les a maudites ; elle
les a eü en abomination ; mais la nature a changé

de fentimens; les Conqueftes de LOUIS ne luy
ont point fait jetter des larmes de fang , puifées
dans le Ciel, comme on a veu autrefois; la guerre
que ce HEROS a fait, n'a point paffé chez elle
pour un fleau ; elle n'a point frémy à l'afpeét de
fes Viétoires ; ce font des aétions qu'elle authori-
fe ; l'Univers eft fatisfait d'eftre à la chaîne, puifque c'eft celle de LOUIS; il eft content, puifque
c'eft LOUIS qui eft victorieúx; il s'en réjoüit,
puifque c'eft LOUIS qui triomphe; il a prouvé fa
défaite, puifque c'eft LOUIS qui la caufe ; &
LOUIS dans ce bon-heur, a la gloire d'eftre l'a-
my du Ciel, de la Fortune, & de la Nature.

   Mais il y a long-temps que les défaites caufées
par les armes de LOUIS font approuvées , quoy
qu'elles trouvent aprés elle la défolation, les ca-
lamitez, le defaftre, & tous les maux de la guerre;
nous en avons une certitude dans les oracles de
l'Univers ; il y a une Prophétie qu'on dit eftre de
Noftradamus, qui parle du Roy des Crapaux ; un
Autheur François a voulu que la chofe qu'elle
prédifoit , eftoit accomplie en la perfonne de
Henry IV. & il a foutenu qu'il eftoit ce Roy;
mais on n'en avoit point encor de certitude;
on n'en jugeoit que par une convenance de
la chofe prédite, avec une aétion de Henry; mais
aujourd'huy, bien mieux qu'en ce temps-là, on

connoît par une verité fenfible , que le Roy de
France régnant,eft ce Roy. On s'eft imaginé faire
une Fable du mal-heureux deftin des Grenoüilles
& des Crapaux,comme d'un effet de la vangeance
du Soleil , pour marquer le déplorable fort des
Hollandois , par les reffentimens de LOUIS;
mais ce n'eft pas une Fable ; s'il les a affujettis à fa
loy , c'eft qu'il devoit eftre le Roy des Crapaux &
des Grenoüilles , j'entens des Hollandois , qu'on
regarde comme tels à caufe de leurs Marais.Don-
nons icy quelque chofe à l'illufion de ceux qui
ont voulu que les Armes de France fuffent trois
de ces animaux , & difons que par un preffentiment,quoy qu'aveugle , les premiers Autheurs de
cette erreur,ont connû, & voulu faire connoiftre
dés leur temps , qu'un LOUIS Roy de France,
feroit un jour Roy des Crapaux,j'entens, felon ce
que j'ay dit , des Hollandois.

Il y a encor plufieurs autres preuves de l'aveu
de la nature , pour les Conqueftes du Roy fur la
Hollande, qui font plus reffentes,& d'autant plus
fortes , que c'eft chez elle qu'elles fe trouvent , &
qu'elles s'y font rencontrées dans le temps des
Conqueftes du Roy. En la Ville d'*Amfterdam* , au
mois de Septembre de l'année prefente 1673.
Lambert-Vander-Heiden expofa en vente une pierre
précieufe , fur laquelle paroiffoient feize vifages

peints feparément ; on y voyoit la face du Pape
vivant , celle de Moïfe, de S. Pierre, de l'Empereur, du Roy de France, & de fon Dauphin, comme auffi de plufieurs autres Monarques de l'Europe. Ce miracle s'eft fait en faveur du Roy , &
s'eft manifefté dans la Hollande , pour luy montrer fon deftin à l'œil & au doigt , puis qu'elle
eftoit d'affez méchant difcernement pour ne le
pas voir dans les oracles du monde. L'Image de
S. Pierre marque la Religion que Dieu y vouloit
introduire par les Armes de LOUIS , dont celle
de Moïfe qu'on y voit auffi , n'eftoit que la figure, l'ombre fuit ordinairement le corps : Les images des autres Monarques nous aprennent qu'ils
ont tous regardé la Hollande comme leur maîtreffe , & qu'ils luy ont envoyé chacun leur Portrait fur cette pierre , mais inutilement , puis
qu'elle eftoit deftinée au mérite de LOUIS,
plus grand que celuy de tous les autres Princes ;
car ces Princes n'ont point là leurs fucceffeurs ;
mais on y voit celuy du Roy, qui eft Monfieur le
Dauphin, puis qu'il y a un héritier défigné , il y a
un héritage promis, qui ne peut eftre que le bien
de celuy dont on hérite ; ainfi ce païs de Hollande devant eftre un bien héréditaire à Monfieur
le Dauphin, a dû premiérement eftre fait propre
à LOUIS, pour le luy laiffer , s'il n'y renonce

point, & s'il ne le rend pas.

Quoy qu'il foit glorieux à *Hercules* d'avoir étran-
glé deux Serpents, eftant encor au berceau ; cependant la Victoire qu'il remporta fur l'*Hydre*, eft
fans doute la plus recommandable de toutes les
fiennes ; elle a efté jufques à noftre fiécle, fans
exemple; & avec tout cela, ce HEROS ne l'emporte
point encor fur LOUIS. Cet Hydre avoit 7 teftes;
mais le Lyon Hollandois, ce Monftre indompté
jufques au temps de LOUIS, en avoit dix-fept;
car les dix-fept Provinces des *Païs-Bas* , ont efté
autant de Monftres d'infolence, qui fe font éle-
vés contre luy ; & fi on veut une explication
à la lettre dans les Armes des dix-fept Provinces, on y trouvera dix-fept Lyons , qui peuvent fatisfaire là-deffus.

L'injurieux procedé des dix-fept Provinces, les
rendent autant de Monftres d'*Infolence* ; mais le
Roy a eü un plus grand nombre de Monftres à
combattre ; il a eü la *Malhonnefteté* & la *Perfidie* de
l'impofteur Evefque de *Vvrtzbourg*, qui contre fa
parole engagée à Monfieur de *Turenne* pour la
Neutralité, donna paffage par fa Ville aux Impé-
riaux, qui en une nuit firent une incurfion , fans
fruit cependant, fur les François, qui fe repofoient
fur fa prétenduë bonne foy. Le Roy a eü à combattre les *Horribles Sacriléges*, qu'un de fes ennemis

a commis en violant ouvertement le Traitté de *Munfter*,& un *Criminel orgüeil* de quelques autres qui fe manifeftent affez par le mépris qu'ils ont fait des remontrances du Roy de *Suéde*, qui en eft ga-rand, & qui en a follicité l'exécution ; le Roy a eü à combattre contre l'*Injuftice* mefme, dont le pro-cedé des Partifans de fes ennemis eft remply, & qui paroît fenfiblement par leurs prétentions, fondées uniquement fur les ridicules projets de leurs Miniftres, qui veulent broüiller toutes les puiffances, afin de profiter de leurs defordres. Le Roy a eü à combattre la *Trahifon* des Efpagnols, & leur *Noire Envie*, dans les pratiques cachées de leurs haines, lors qu'ils ont fecouru fecrettement fes Ennemis, le trompant fous une apparence d'amitié, qui pouvoit tromper, malgré tous les foupçons, eftant jurée par un Traité folemnel, qui en devoit eftre un garand affeuré; il a eü à combattre les Empereurs de l'Empereur, c'eft à dire ces Meffieurs qui difpofent de tout, à les en-tendre, comme s'ils eftoient les Maiftres de l'Em-pire, quoy qu'ils n'en foient que les Emiffaires, & qui non contens d'ordonner de tous les inthé-refts, qui veulent eftre ceux qui le regardent, & d'en difpofer de mefme que Souverains en Til-tre, avant que d'en avoir receu les ordres; ils fug-gérent encor leurs méchantes inclinations à leurs

Princes,

Princes, pour foûtenir leur party, & faire authorifer ce qu'ils ont avancé ; plufieurs Empereurs
tous enfemble, & qui le font tous d'un autre, c'eft
quelque chofe d'extraordinaire & qui tient du
prodige ; c'eft enfin avoir quelque chofe de mon-
ftreux à combattre , que d'avoir à vaincre ces
Tumultuaires Paffions; la Hollande, comme on voit,
a efté pour le Roy une fource feconde de peine,
de travaux , de fatigues, & d'ennemis ; elle l'a
efté auffi de triomphes fignalés ; elle l'a efté
enfin des employs de fa vertu, & de la matiére
de fes héroïques occupations. Un Hollandois
dans le preffentiment des befoins que le Roy
avoit de ces occupations, pour ne laiffer point fa
valeur inutile, en a marqué la néceffité dans une
avanture du Soleil qui eft affez extraordinaire.

Les *Gabaonites* ayant à combattre contre les
Amoreheens, & *Adoni Sedec,* Roy de Jérufalem , *Jofué*
vint à la traverfe ; mais la Lune s'avançant plûtoft que ne vouloit Jofué, il luy fembloit qu'elle
eftoit de concert avec Adoni Sedec , & qu'elle
eftoit jaloufe du bonheur des Gabaonites; il s'i-
magina qu'elle chaffoit le Soleil, ou qu'elle l'ob-
fcurciffoit par la proximité de la nuit qu'elle traî-
noit avec elle; c'eft pourquoy il arrefta le Soleil,&
empefcha la Lune de marcher; ainfi il fixa le jour,
ainfi il fixa la nuit.

E

Voila l'avanture du Roy, le repos de la paix
par fa noire oifiveté, vouloit obfcurcir fa vie; l'é-
clat de fes Conqueftes de Flandre fe diminüoit,
& fe paffoit avec les années, à ce qu'il fembloit à
Vanbeuning; mais ce *Jofué* Hollandois, ennemy de
cette nuit, c'eft à dire de cette oifiveté où le Roy
eftoit, *Fixa* la valeur de LOUIS, qui eft comme
un Soleil ardant; il l'arrefta fur la Hollande; il
l'a détermina, & luy montra la matiére de fes
Nobles amufements, & de fes glorieux travaux.

Nous avons cette obligation à *Jofué Vanbeuning*, d'avoir arrefté & fixé ce Soleil de valeur
LOUIS XIV. auffi avantageufement que nous
avons veu, pour faire vivre fa gloire, & entretenir
fa réputation; c'eft là le mot de l'Emblefme, &
l'efprit fecret de la Medaille qu'il a fait, dont
l'ame eftoit, *Sta Sol*, arrefte-toy Soleil; il n'a point
eü un méchant deffein, comme les autres Hollandois dans leurs Peintures injurieufes; ne le
condamnons point, comme ont fait quantité de
gens, qui n'ont point entendu ce myftere; c'eft
un grand homme qui s'exprimoit en la maniére
des anciens Hébreux, dont il vouloit imiter les
myfteres, en faveur du nom de leur gouverneur
Jofué, qu'il porte; on fçait qu'ils cachoient leur
doctrine fous des figures, & qu'ils en parloient
fous des voiles énigmatiques, afin de ne la pas

prodiguer aux prophanes, & la rendre vile en la manifeftant au commun : Rendons graces à cet Ambaffadeur, il s'eft bien acquitté de fa charge, il y a réüffy; s'il n'avoit pas ordre des Hollandois pour cela, il l'avoit du Ciel; il n'eft point criminel, ne luy faifons point fon proçez; il a efté le mieux intentionné du monde pour le Roy.

Outre les éclatantes marques de valeur que le Roy a fait voir dans cette Conquefte, & dont nous parlerons dans les difcours fuivans de cet Ouvrage, il s'eft acquitté de cinq devoirs confidérables, & mefme indifpenfables aufquels il eftoit obligé envers fa Religion, fon Sang, fa Perfonne, fon Nom & fa Couronne.

Par la Conquefte de Hollande, le Roy a fait pour l'établiffement de la Religion, tout ce que le devoir d'un Fils aifné de l'Eglife demandoit de luy, felon l'efprit de la douceur qui en eft inféparable : quoy que ce foit efté par les Armes, il ne s'y eft pas comporté comme ces zélez indifcrets, & ces Chreftiens tyranniques qui contraignent les peuples vaincus de renoncer à leurs Religions, fans leur faire quartier, ny leur permettre d'eftre defabufés, & fans leur donner le temps d'eftre informés de la bonté de celles qu'ils leur propofent; il a voulu feulement introduire la fienne chez eux, en forçant ces peuples de la re-

cevoir dans leurs pays, pour les rendre témoins de
fa fainteté & de fes veritez ; il les a violentés feulement par la perfuafion de l'exemple, & d'une
inftruction aufli fainte que celle de la veuë de fes
myfteres, & de l'explication de fa doctrine.

Par la Conquefte de Hollande, le Roy a fait
voir qu'il ne vouloit rien obmettre de tout ce
qui regardoit la pieté & l'eftime qu'il devoit à
fon fang, il a voulu fe rendre maiftre de *Nimégue*,
pour remettre paifiblement entre fes mains le
dépoft Augufte des cendres d'une *Catherine de
Bourbon*, qui repofe dans la Capitalle de cette Ville, il n'a pas voulu laiffer plus long-temps ces
Manes iffuës des demy-Dieux, entre des mains qui
en prophanoient la fainteté, & qui en diffamoient
fa pureté ; il a enfin voulu foulager les inquiétudes
qu'elles mefmes en avoient, & affeurer leur
repos.

Par la Conquefte de Hollande, le Roy a fait
voir qu'il fçavoit foûtenir le merite de fon Augufte Perfonne ; il y a proche la Ville de *Maëftrick*
un Village nommé *Herftall*, lieu de la naiffance de
Charles Martel. LOUIS a Conquis cette dépen-
dance de *Maëftrick*, en triomphant de cette Ville ;
& par fa Victoire il nous aprend qu'il eftoit digne
de ce lieu, & des influences martialles des Aftres
qui y ont dominé, & qui verférent le Courage

ſi abondamment dans l'ame de ce HEROS ſon
Prédéceſſeur ; il a eſté en ce lieu prouver que
ces ſemences de valeur n'eſtoient pas mortes,
qu'elles n'avoient pas paſſé avec le temps, qu'il
ſçavoit profiter de ces dons, & qu'il les avoit encor augmentés eſtant arrivés chez luy ; ce n'eſt
pas ce lieu & cette terre qu'il a vaincu, c'eſt pour
elle qu'il vouloit vaincre ; ainſi il ne faut pas
l'accuſer d'avoir fait la guerre à ſa bien-fai-
ctrice.

Par la Conqueſte de Hollande, le Roy a fait
voir qu'il n'eſtoit point capable de rien négliger
de tout ce qui pouvoit contribüer à la Majeſté de
ſon Nom ; il a commencé ſes Conqueſtes au delà
du *Rhein*, qui en eſt, à le bien prendre, le premier pas, ou l'entrée, par la priſe de *Keyſervaerd*,
c'eſt à dire Iſle de *Ceſar*, dont ce *Romain* fit un
Boulevard contre les *Allemands* ; le Roy commen-
çant ſes Victoires par le triomphe de cette Ville,
a foulé aux pieds la grandeur du plus inſigne des
Heros; qu'il a élevé ſa gloire ſur les monumens les
plus celébres de la ſienne ; il a arboré ſes Eſtan-
darts ſur la rüine de ceux que ce Conquérant y
avoit planté, triomphant de luy, de ſon adreſſe,
& de ſon Art, dans les Fortifications qui durent
encor, auſſi bien que de ſes généreux Lieutenans
que la poſterité avoit pris ſoin de luy donner.

Par la Conquefte de Hollande , le Roy enfin ,
a fait voir qu'il a pris tous les foins poffibles de
cultiver la grandeur de fon Trône ; en effet, pouf-
fant ces Victoires auffi loin qu'il a fait , il a porté
fa puiffance jufques dans fa terre originaire ; il l'a
fait retourner d'où elle eft fortie , fans partir d'où
elle eftoit allée ; & l'épée de la France, par fa main,
a revû les premiers champs où elle fe fignala.
Pharamond régnoit dans la *Frife* , la *Vvefphalie* , & la
Franconie ; le Roy n'y a-t'il pas retourné par la prife
de *Zuvol* & de *Deventer* , fur les Hollandois ; & le
Mein en eft-il pas un témoin ? fes eaux courent
en aprendre la nouvelle à tout le monde.

Qu'un Eftat eft heureux d'avoir un fi grand
Roy ; mais il eft encor plus glorieux de pouvoir
impunément , fans crime , & par un nouveau
privilége , n'eftre pas obligé de fe réjoüir publiquement des profpéritez de fon Prince ; & par
une conduite la plus loüable du monde, ne pas
marquer fa joye à la nouvelle de fes nombreufes
fortunes , & de la réüffite de tous ces deffeins.
Voilà où a efté réduite la France , & ce qu'elle a
fait , fans qu'on la puiffe accufer d'ingratitude, &
d'infidélité envers LOUIS , qui eftoit fi accoûtumé à vaincre , qu'il euft fallu ceffer toutes les occupations du monde , pour faire des feftes de tous
les heureux deftins de ce HEROS ; car la rédu-

çtion d'une place imprenable, cependant à tout autre qu'à luy, n'estoit point un motif assez puissant pour faire des feux de joye, on n'y pensoit pas, on n'en tenoit pas compte, il falloit voir des pays entiers conquis, & des Provinces subjuguées.

Mais il n'estoit pas besoin de feux, ils ont esté faits il y a long-temps, à la Naissance du Roy; tous les Ambassadeurs qui estoient à Paris, marquérent leur joye par des feux qu'ils allumérent devant leurs Hôtels; ceux de Hollande entr'autres se signalérent; ils éleverent sur de hauts pieux six gros Tonneaux huilés, & remplis de buches & de fagots, qui brûlérent avec une ardeur extraordinaire, & une flâme démesurée; quel présage estoit-ce là; n'estoit-ce pas des feux de joye allumez en veuë des Victoires du Roy? On peut le croire, & en attribüer les ordres, & l'intention, au sort, qui vouloient montrer que les Tonnes d'Or dont elle s'est tant vantée, & sur lesquelles elle faisoit un si grand fond, se dissiperoient un jour devant LOUIS, aussi bien que la force qu'ils en devoient tirer, comme ces Tonneaux dont il ne resta rien, & comme la flâme qui en sortoit, qui s'envola dans l'air: N'estoit-ce point des flambeaux que ces Ambassadeurs allumoient à leur Patrie proche de LOUIS, pour luy faire

lire fon fort malheureux , dans le deftin fortu-
né qui accompagnoit le Roy , & qui eftoit né
avec luy : N'eftoit-ce point auffi des Fanals éle-
vés fur la Mer orageufe du Monde , pour guider
la Hollande au port de falut, qui eftoit LOUIS,
dont l'innocence de l'âge, en ce temps, luy marquoit que c'eftoit à la douceur & à la clémence
aufquelles il falloit avoir recours, quand elle auroit à faire à luy , & non pas à l'opiniaftreté & à
la force , puifque tous ces moyens eftoient inutiles : Ces feux fignifioient tout cela , & fi la Hollande n'en demeure pas d'accord , il faudra qu'elle avouë, avec moy , que cet amas de Tonneaux
brûlans , eftoit un bucher qu'elle fe faifoit par
avance, où fon bon-heur , fa force, fa fortune,
devoient finir & fe confommer , & le deftin du
Roy y commencer,& naiftre bon pour regner fur
elle , & exercer fon Empire fur fes Provinces.

Ferdinand , appellé le Catholique , commanda à
fon Neveu Charles V. par fon Teftament, de faire
en forte que tous les Païs-Bas fuffent gouvernés
par ceux qui eftoient originaires de ces Provinces, parce que le naturel de fes Peuples les y portent, & n'en peuvent fouffrir d'autres; en effet, ils
aiment cette domination , nous en avons bien
des preuves; ils infiftérent fort là deffus en la pa-
cification de Gand, ils firent de mefme en l'union
de

de *Bruxelles ;* dans leurs lettres à l'Empereur, ils ne demandérent autre chofe pour les delivrer de l'oppreſſion, & de la cruauté des Eſpagnols ; & à la Reyne d'Angleterre, ils envoyérent des Ambaſſadeurs avec des inſtructions qui ne tendoient que là, en la Ville de la *Marche,* en *Famime,* lors du Contract de l'Edit appellé le *Perpétüel ;* ils ne reſpirent qu'aprés cela ; le Préſident *Viglius,* ſi ſage, ſi grand politique, & ſi ſçavant dans le gouvernement du Païs, ne recommandoit autre chofe à *Dom Juan* dans ſes conſeils, quand il eſtoit queſtion de faire choix de Juges, ou de Bourgmeſtres, ou de Gouverneurs.

LOUIS regne dans le *Païs-Bas,* & tout le monde doit eſtre ſatisfait ; les vœux de ces perſonnes ſont enfin executés ; leurs deſirs ont eü l'effet qu'ils demandoient ; leurs ſouhaits ſont remplis ; leurs maximes ſont ſuivies, & leur politique eſt obſervée ; LOUIS eſt petit fils de *Pharamond,* né des Pays qui ſont connus preſentement ſous le nom de *Païs-Bas,* & qui ſont incorporés dans l'union des 17 Provinces ; il eſt donc originaire de cette terre, c'eſt un Prince du Païs ; les Hollandois doivent eſtre contens, agréer ſon Empire, ſe ſoûmettre à ſes loix, & ſe ranger ſous ces volontez ; elles feront toûjours conformes à leurs inclinations, puiſqu'il y avoit dedans du naturel

F

de leurs Païs ; ils trouveront dans leur regle des accommodemens à leurs difcours ; l'efprit de l'ordonnance & de la politique, deviendra fympathique entre le Prince & les fujets ; il fera le nœud du commandement & de l'obeïffance ; ils doivent n'avoir pour fon Empire aucune répugnance ; ils n'ont peut-eftre pas fait de réfléction aux motifs qu'ils ont de le vouloir pour Maiftre.

Malgré tous les avantages qu'a le Roy fur les *Hollandois* ; malgré les pronoftics du deftin, & la voye de la fortune, qui l'appelle au gouvernement de ces peuples; malgré les raifons qu'il a de garder l'Empire fur eux, dont il eft en poffeffion; malgré les motifs qu'ils ont de le vouloir, & de le reconnoiftre pour leur Souverain; malgré la néceffité où ils le peuvét mettre, de ne les pouvoir refufer pour fujets ; il veut cependant leur remettre leur Païs, & les rendre à eux-mefmes plus qu'ils n'y eftoient, en leur redonnant leur liberté: comme ce n'eftoit que pour l'intéreft de fa gloire, de fon honneur, & de la juftice, qu'il a entrepris la guerre, & non pas pour aucun autre motif, il renonce volontiers à tous fes avantages, comme ce n'eft que pour rendre aux particuliers leurs biens ufurpez par les Hollandois, que le Roy s'en eft emparé; il les abandonne, que ceux-là les reprennent, ou que ceux-cy les confervent.

C'eſt le propre d'une vertu commune de prendre des Villes, & meſme de ſe rendre maiſtre des
Païs entiers ; mais en prendre de tels que LOUIS ;
& les prendre de la maniére qu'il a fait, & par
aprés les redonner, & les remettre, c'eſt le
fait d'une *Incomparable* vertu. *Diocletian* accepta
l'Empire & s'en démit, mais ce fut quand il vit
que ſes affaires prenoient un méchant train.
Charles-Quint le quitta auſſi, mais ce fut quand ſa
fortune commençoit à l'abandonner, & qu'il en
recevoit de furieux contre-temps. LOUIS plus
grand HEROS que ces Empereurs, toûjours heureux, toûjours triomphant au milieu de ſes plus
floriſſantes proſpéritez, a offert à *Cologne* de ſe
démettre de cet Empire, que ſes Armes luy ont
acquis ſur les Hollandois ; il veut leur rendre leur
liberté & leurs biens ; il n'en veut conſerver que
quelques gages pour témoins de leur ſatisfaction
& de leur ſoûmiſſion : Pour marque de la ſincérité
de ſes ſentimens, c'eſt qu'il a déja abandonné
quelques Places, il en a fait retirer ſes Troupes.

D'ailleurs, il tient pour ſuſpens tant de faveurs qu'il a receu du deſtin, il en craint quelque choſe d'entreprenant ſur ſon honneur ; en
effet, il ſemble que la fortune taſche d'avoir cet
avantage ſur ce HEROS, de toûjours luy donner,
& de le mettre en eſtat de ne donner jamais, en

l'invitant à prendre toûjours, & l'obligeant mefme à recevoir continuellement ; mais L O U I S
qui veut difputer de la générofité, non feulement
avec tout ce qu'il y a de HEROS, par tous les endroits qu'ils l'ont efté, mais encor avec fes ennemis, & avec le fort ; la fortune & le deftin veut
remettre ce qu'il pofféde, il veut le redonner, il
veut l'abandonner, il fe contente d'en pouvoir
éternellement joüir, & de garder des marques de
ce pouvoir.

N'ay-je pas eü raifon de dire que la valeur du
Roy, eft auffi judicieufe & auffi bien raifonnée,
qu'elle eft ardante ? en voilà des preuves authentiques, qui font voir que le Roy eft fans doute un
HEROS INCOMPARABLE, ou HEROS dans lequel
on ne peut rien defirer ; un HEROS dont le merite va plus loin que la penfée ; l'imagination des
hommes a fait des HEROS, ils s'en font figurez
qui n'ont jamais efté, & dont on ne connoît ny
la famille, ny le païs ; ils ont pû dire tout ce qu'ils
ont voulu ; cependant quelques foins qu'ils ayent
pris, quelque zéle qu'ils ayent eü, quelque adreffe dont ils fe foient fervis pour arriver à leur fin,
& pour enrichir ces idoles de leur efprit, & ces fils
de leur fantaifie, ils n'en ont cependant point
fait des portraits auffi avantageux que celuy de
L O U I S ; ils en ont encor ajufté à leur mode,

qui ont vécu ; mais il eſt ſurprenant que ce qui a
eſté au deſſus de la verité , & ce qu'on a dit &
inventé , pour paſſer beaucoup au delà, n'égale
point les actions de LOUIS ; les avantures de
Poléxandre qui ſont tres fréquentes &. tres judi-
cieuſes ; celles de *Cyrus* qui ſont ſi raiſonnées ;
celles de *Caſſandre* qui ſont ſi auguſtes & ſi extraordinaires , n'approchent point de la vie de
LOUIS ; ainſi il ſurpaſſe les Heros de toutes les
eſpeces,de tous les rangs,& de tous les caractéres.

Trois mots ont fait l'éloge de *Cefar* ; je ſuis *ve-*
nu, j'ay *vû*, j'ay *vaincu* ; il ſemble qu'on ait épuiſé en ces paroles ,tout ce qu'on pouvoit dire d'un
grand Prince : Le panégyrique d'*Aléxandre*,ſe fait
encor en trois mots ; *Foudroyant* , *Heureux* , *Aimé* ;
tout ce qu'on a écrit de ce HEROS , ſe termine
là ; mais l'éloge de LOUIS , ſe fait en moins de
paroles ; une ſuffit , & dit non ſeulement tout ce
que ces ſix diſent enſemble , & ſeparément ;
mais elle dit encore davantage , je la tire de la
loüange du Soleil ; le Roy l'a pris pour ſa deviſe,
il faut luy en donner les éloges,& pour cela rapporter celle du Soleil.

Une gageure ayant eſté faitte entre deux hommes à qui parleroit mieux du Soleil , & qui le
définiroit plus juſtement ; le premier qui parla,
rapporta tout ce qu'on peut dire de beau & de

folide, il dit, que c'eſtoit un crayon de la Divi-
nité, la plus belle image de Dieu, le maiſtre aprés
luy de la nature, le pere de tous les Eſtres, ſub-
ſiſtant icy bas ; la ſource & la lumiére, l'élement
meſme du feu ; le principe fécond de tous les
biens , le reſtaurateur journalier de l'Univers ; on croyoit qu'il ne reſtoit plus rien à dire
au ſecond, & que le fond des loüanges & des tiltres Auguſtes eſtoit épuiſé ; cependant, il ne pro-
nonça qu'une parole, & remporta le prix ; il dit
ſeulement en le montrant , *Incomparable* , &
dans ce mot, il renferma toutes les idées , & les
conceptions poſſibles des plus grandes perfé-
ctions.

Le nom d'*Incomparable*, eſt donc le Nom du
Roy , puiſque c'eſt celuy du Soleil , qui eſt le
ſigne de ſes grandeurs ; dans ce terme ſont com-
priſes toutes ſes Royalles qualitez ; admirons-
donc LOUIS, qui eſt tout enſemble, & ſans
égal, un *Foudre* de guerre , l'unique *Heureux* du
Monde , & l'*Amour* précieux des peuples ; admi-
rons LOUIS qui eſt *Venu* au Monde, pour en
faire les félicitez, qui a *Veu* ſes maux, & qui en
donne le reméde, qui a *Vaincu* la peine, le travail, les ennemis les plus redoutables, & la mort
meſme , pour faire la paix & la gloire de ſon
Royaume, avec plus davantage que n'ont jamais

fait tous les autres Princes; mais l'admiration lie
ordinairement nos langues, ferme nos bouches,
arreste nos difcours, fufpend noftre efprit, & demande enfin le filence ; c'eft tres-mal m'en ac-
quitter de parler des vertus de LOUIS; cependant je ne fais rien de contraire à l'admiration,
& qui la détruife; comme je ne diray rien afiez
digne de la Majefté, & de la gloire du Roy , je
ne diray rien abfolument, c'eft cet efpéce de filence que je veux feulement garder.

On peut voir par ce feul trait, que le nom
d'*Incomparable* eft un nom propre de LOUIS,
puis qu'il eft celuy du Soleil , qui eft le figne de
la gloire ; on ne peut pas encore douter qu'il ne
foit un nom fpécifique de fon héroïque vertu,
puis qu'elle produit les effets des vertus des premiers Conquérans qui ont jamais efté,puis qu'elle renferme toutes les qualitez admirables qu'ils
ont eü feparément; puis qu'enfin elle eft mefme
plus grande que toutes réünies enfemble, & que
fon prix eft infiniment au deffus du merite de
tous les autres HEROS; ce que je viens d'avancer en convainc fuffifamment; cependant il n'eft
pas hors de propos d'en étendre la preuve, la
matiére eft trop belle pour ne pas s'arrefter deffus ,& pour n'y pas faire la réfléxion qu'elle demande, afin de la mettre dans tout fon jour.

Tous les Roys de *Perſe* ont pris le nom d'*Arta-*
xerxes, qui ſignifie grand Guerrier, parce que ce
nom eſt Auguſte, & remplit bien la réputation
d'un HEROS ; les Empereurs de *Ruſſie*, ſont jaloux
de celuy de *Clar*, qui dit autant que fort, & cou-
rageux, ſelon leur ſens ; les Roys d'*Ægypte*, ont
porté celuy de *Pharaon*, qui ſignifie Diſſipateur
d'Armées, ou celuy de *Ptolomée*, qui veut dire Batailleur ; la Valeur du Roy ayant produit dans
ſes actions, tous les effets que ces noms marquent
dans celles de tous les Princes, rend infaillible-
blement tous ces noms propres du Roy, pour luy
en former un plus grand & plus illuſtre ; elle les
fait eſſentiel à celuy de LOUIS ; on peut meſme
dire, ſans exagérer, qu'il en eſt plus digne qu'eux
tous, puis qu'il y en a dans leur nombre qui les
ont ſeulement portez, parce qu'ils ont crû par là
ſe faire un mérite héroïque, & une réputation
de grand Capitaine ; c'eſt le Roy, au contraire,
qui rend encor ſes Noms plus glorieux qu'ils ne
ſont en eux-meſmes, en les portant, & qui les
fait ſignifier de plus grandes choſes ; Sa perſonne
& ſes Armes leur font honneur ; ce ne ſont pas
eux qui honorent le Roy, auſſi le nom de
LOUIS va bien mieux que tous ces noms ; ſignifier un HEROS, tous les Conquérans dans les ſiécles advenir, le prendront comme un nom de
valeur,

valeur, de vertu & de gloire ; ils l'ambitionné-
ront comme un nom qui emporte avec foy en
privilége, la qualité de HEROS , & qui en eft le
figne & le tiltre le plus folide ; la poftérité en fera
jaloufe, & on verra des Conquérants commencer
à l'eftre, ou le devenir en le portant.

Comme c'eft fur les effets de tous ces noms,
fi propres de la perfonne du Roy , que fa qualité de HEROS établit fon fondement ; font
auffi ces noms Illuftres de *Foudroyant*, d'*Heureux*,
d'*Aimé* ; font ces tiltres de *Diffipateur* d'Armées,
de *Batailleur* ; font ces qualitez de *Fort* & de *Coura-*
geux, qui eftans réünis en la perfonne du Roy,
attachées à fes actions, renfermées dans fon ame,
luy donnent le nom d'INCOMPARABLE , il
luy eft dû à jufte tiltre, puis que devant luy, il ne
s'eft point trouvé de HEROS qui les ait tous poffé-
dés, & dont le cœur ait efté le centre, & la fource
feconde de toutes ces prérogatives, de ces marques de gloire, & de ces Appanages de la vertu
héroïque.

De l'union de ces noms, dans celuy de LOUIS,
& de l'alliance de toutes ces qualitez, en la perfonne de fa Majefté, naiffent des avantages confidérables, qui réfolvent toutes les difficultez qui
fe rencontrent fouvent dans les négotiations
d'Eftat , & préviennent les differents qui arri-

G

vent aux préliminaires des Traittez, fur la con-
teftation ordinaire des qualitez des parties qui
font accord ; deux traits de l'hiftoire en vont
faire la preuve en faveur du nom d'Incomparable que je donne au Roy, ou plûtoft que je re-
connois en fon Augufte perfonne.

Deux grandes Puiffances de nos jours ayant eü
guerre quelque temps enfemble , trouverent à
propos de fe réconcilier, à la follicitation d'un
Médiateur de la premiére maifon de l'Univers;
mais le Traitté fut long-temps à figner, parce que
les qualitez d'une des parties n'eftoit pas conftan-
te ; fi elle avoit fait autant de chofes extraordinaires en guerre, qu'a fait le Roy, on n'euft pas
efté embaraffé là deffus; s'il fe fait auffi quelque
jour un Traitté entre le Roy & la Hollande ; ce
préliminaire n'arreftera point , il a tant de tiltres, tant de noms, tant de qualitez, qu'on n'aura qu'à choifir , ou plûtoft on luy laiffera choifir
quel HEROS il voudra eftre.

Dans la conférence des Ambaffadeurs pour la
Paix , entre la Hollande & l'Efpagne, qui fut fi
fignalée autrefois, on demanda en quelle Langue on traitteroit ; l'Ambaffadeur d'Efpagne,
toûjours vifionnaire, à la mode de fon païs, voulut qu'on traitta en François, parce que , difoit-
il, la Reyne d'Angleterre qui y avoit un notable

inthéreft, fe prétendoit Reyne de France ; celuy
d'*Elizabeth*, répondant à la plaifanterie de cet
Ambaffadeur, par un autre, demanda qu'on
traitta en Hebreu, parce que le Roy d'Efpagne
fe difoit Roy de Jérufalem ; voilà un jeu de l'efprit de deux Ambaffadeurs; mais tirons en une
férieufe vérité, qui eft que les prétentions de
LOUIS, s'étendans fur beaucoup de Royaumes,
fon courage eftant un courage de toutes les Nations ; fa valeur, la valeur de tous les temps; fa
générofité, la générofité de tous les Princes, de
quelque Langue dont on veüille traitter à *Cologne*,
avec fes Miniftres, on traittera toûjours de la
fienne, car fa Grandeur, eft de toute forte de caractéres, fa Gloire, de toute forte d'efpéces, fa
Valeur, de toute forte de climats.

Justa Ponder

D'Icare l'imprudent, ne plains point Les malheurs,
Icare de mon feu recherchoit les ardeurs.

I. Toutain, Fe

JUSTICE.

GROTIUS, fçavant Hollandois, trait-tant des differents qui naiffent entre les Puiffances Libres & Souveraines, a tenu pour principale maxime que la JUSTICE doit avoir lieu dans la guerre qu'elles fe font, & que la force ne doit point faire leur droit. Il faut donc avant que de parler des Victoires du Roy fur les Hollandois, faire un difcours de la Juftice de fes vangeances fur ces peuples, pour les confondre par leurs propres Maximes, pour les juger par leurs Loix, & les détruire par leur authorité, afin que l'Univers fçache que LOUIS ne s'eft pas préva-lu de fa force, & que fa valeur n'eft venuë qu'au fecours de l'équité de fes demandes.

LOUIS a eu deux raifons également Juftes pour prendre les armes contre les Hollandois, & pour punir leur infolence & leur orgueil. Il

s'eſt chargé de la querelle de toutes les Couron-
nes, comme il n'y avoit que luy capable de ſoûtenir vigoureuſement tant de droits, il a épouſé
l'intéreſt de tous les Trônes, il a pris la cauſe de
tous les Royaumes, il a combatu auſſi en meſme
temps pour la ſienne propre ; c'eſt ce qui rend
ſon party inconteſtablement Juſte , puiſqu'il a
joint les motifs publics aux reſſentimens particuliers, & confondu les prétentions du monde entier avec les ſiennes, en vangeant la France &
l'Univers, que la ſuperbe de cette nation vouloit
aſſervir à ſes loix ſeditieuſes, à ſes caprices tumultuaires, & à ſes outrageantes volontez.

: La République de Hollande faiſoit honte à
tous les Rois, ſa conduite orgueilleuſe menaçoit
tous les Royaumes , & ſon faſte inſultant préſa-
geoit la perte des premiers, & la décadence des
ſeconds : Nous n'entendions dire autre choſe
par ſes Emiſſaires, On eſt heureux en Hollande,
on y devient extremement riche en peu de tems,
& plus facilement qu'ailleurs , on n'y eſt point
oppreſſé , la forme de ſon gouvernement eſt la
plus accommodante du monde aux genies &
aux inclinations de tous les hommes , on jouït
dans cette République d'une liberté qu'on ne goû-
te point, & qu'on ne poſſede jamais dans la Monarchie, on y vit en ſeureté, on y trouve un repos

& une franchife qu'on ne trouve point en d'autres lieux ; Chacun y eft honoré, puiffant & content ; chacun y a du credit, & en obtient à fon
tour les premieres dignitez; on n'y demeure point
toûjours dans une fortune & une condition de
particulier ; le merite y eft confideré autant qu'il
le peut & qu'il le doit eftre, il ne faut qu'en avoir,
& avec cela eftre Hollandois, c'eft autant qu'être
Souverain. Les Autheurs qui nous ont inftruit
des prétentions de cette République , ont efcrit
que fes peuples fe perfuadent qu'il ne faut que
toucher cette terre pour eftre en poffeffion de
tout ce qu'il y a au monde de felicité , dautant
que c'eft une terre de promiffion : Ce dernier
point peut eftre vray, car elle a efté promife par
le Ciel à L O U I S, il eft le veritable Ifraëlite auquel elle a efté deftinée , & dans lequel il ne fe
rencontre ny dol ny fraude, mais au contraire
toute Juftice & toute Equité.

Il fembloit, à entendre les Partifans de la Hollande, que l'Eftat Monarchique eftoit un eftat de
vexation, d'oppreffion, d'infortune, d'injuftice,
& de miferes. Tous les peuples, qui font originairement inconftans , legers , & volages, pouvans
fe laiffer perfuader à leurs difcours, cette montre
apparente de felicité que promettoit la Hollande , pouvoit auffi les convaincre. L'efperance

d'un favorable deſtin, quoy qu'imaginaire, &
d'une grandeur, quoy que chimerique, eſtoit
capable de les ſéduire, d'enchanter leur cœur,
de tromper leur raiſon, & d'abuſer de leurs facilitez ordinaires & naturelles pour les nouveautez,
pour le libertinage, & pour tout ce qui n'a que
l'ombre du bien. En effet, cette République
avoit attiré déja dans ſes Villes un grand nombre
de perſonnes, & meſme dépoüillé les Royaumes
d'une partie de leurs membres conſiderables,
ſéduits par ſes amorces : Peu à peu la Hollande
eut renverſé toutes les Monarchies du monde, en
inſpirant aux peuples le deſſein criminel de ſe-
coüer le joug de la Royauté. Les ſuggeſtions
damnables de cette République, ſi bien ſecon-
dée de ſes Emiſſaires, euſſent empoiſonné tous
les eſprits, elles euſſent fait revolter tous les peuples, ou pour ſe donner à elle, ou pour ſe procurer
entr'eux, & dans leur païs, une forme de gouvernement ſemblable au ſien. N'étoit-ce pas une
néceſſité pour le bien, & pour le ſalut du monde, de réduire cette nation qui bravoit les Princes, qui en vouloit aux Monarchies, qui eſtoit le
ſcandale des Rois, qui faiſoit l'opprobre des Em-
pires, & l'affront des Sceptres ?

Il faloit donc un maître à cette tyranne, & à
cette ennemie des premiers maîtres de la terre.

Pour cela il eſtoit beſoin d'une ame toute de feu,
active, grande, vaſte, forte, d'un ordre ſuperieur
à toutes celles du monde, & d'un caractere plus
beau que toutes celles qui ont jamais animé le
cœur & le bras des Heros des ſiecles paſſez. Il
eſtoit beſoin d'une ame qui (pour parler ſelon
l'expreſſion de l'antiquité) deſcendant immédia-
tement des dieux immortels, fit vivement éclater en ſoy les brillantes lumieres de ſa ſource ; il
n'y avoit que celle de L O U I S qui fut de cette
trempe, & qui, eſtant élevée dans le plus haut
degré de la valeur, fut digne de ces nobles efforts, & de cette genereuſe entrepriſe. Il eſtoit
ſeul capable d'un coup ſi hardy, pour lequel toutes les autres Puiſſances ramaſſées enſemble
eſtoient trop foibles, ne ſe trouvans pas dans leur
rang un Prince, qui eſtant unique dans le genre
de valeur, & de toutes les plus ſublimes qualitez
du Heros, ſuffit pour tous, ainſi que L O U I S.
C'eſtoit auſſi une valeur comme la ſienne qui
eſtoit néceſſaire au monde pour s'oppoſer à cette
République, & pour la réduire, en la faiſant tomber du faîte de ſon orgueil, & du plus haut pério-
de de ſa grandeur, de ſon crédit, & de ſon pouvoir. Il n'y avoit que luy qui euſt le ſecret de
l'empêcher de porter le deſordre dans tous les
Eſtats Monarchiques. Il a entrepris cet Ouvra-

ge, il s'est appliqué à ce travail, il s'en est acquité
en HEROS INCOMPARABLE, & il a fait voir à
cette République, & à l'Univers, que la Monarchie est le meilleur de tous Estats, qu'on y vit
plus tranquillement qu'en tout autre, sous la protection d'une seule Puissance Souveraine, qui sçait
par un Gouvernement sage, rendre la condition
des Peuples infailliblement heureuse, & par ses
armes leur faire un sort glorieux. Ce sont des veritez dont la Hollande a presentement de fune-
stes experiences.

Odiick & Van Berning Plenipotentiers de la
Hollande, après plusieurs mois de Conferences
à Cologne avec ceux du Roy, enflez de l'armée
de l'Empereur à Egra, après leur retour de la
Haye où ils estoient allez prendre quelques Ordres de leurs Superieurs, refuserent pendant un
temps considerable, d'assister à l'Assemblée, à laquelle ils demanderent par une lettre, avec la
derniere insolence, quels estoient les motifs de
la guerre ? Je les viens de manifester, aussi bien
que les raisons de la Justice & du procedé du Roy;
mais celles de sa querelle particuliere ne sont pas
moins fortes, ny moins bien authorisées. Je vas
les rapporter, afin qu'ils n'ayent pas lieu de pré-
texter une ignorance des choses qu'ils sçavent
tres-bien.

La République de Hollande forte par la force des Predeceſſeurs de L O U I S , & par celle de luy meſme, comme je feray voir , a voulu cependant traverſer les deſſeins de ſon Commerce , & arréter ces voyages de longs cours qu'il commençoit à établir , Elle n'a pas voulu que celuy de qui elle avoit receu de notables protections, joüiſt d'une liberté qui eſt accordée aux particuliers, & qu'elle ne conteſte point aux Barbares & aux Corſaires : Elle a exercé mille hoſtilitez contre les François ſur Mer & ſur Terre, Elle a abuſé de la ſainteté, de la foy, & de l'honneur de la parole ſacrée du Roy. On ſçait ce qu'elle fit contre luy en 1664. pendant le divorce de la France avec l'Angleterre : Et comme en 1667. elle forma les deſſeins d'une triple alliance afin de traverſer les projets de ſa Majeſté : Elle a encor oſé entreprendre de cenſurer les actions d'un ſi grand Monarque , interpretant mal ſa conduite, & le chargeant d'entrepriſes injuſtes & ſecrettes contre les autres Princes , auſquelles il n'a jamais penſé : Mais ce qui eſt de plus cruel, de plus deteſtable , de plus ſanglant, & dont je fais ſon crime capital, c'eſt qu'elle a proferé des paroles injurieuſes contre la perſonne du Roy, & par des peintures publiques & offençantes. Tous les membres de cette République ont voulu noir-

cir fon Nom, flétrir fa gloire, & diffamer fa Perfonne; elle les a non-feulement fouffertes avec
plaifir,& authorifez avec un plein confentement,
mais encor elle les a commandez aprés une dé-
liberation authentique.

Pekius Chancelier de Brabant, & Ambaffadeur des Archiducs de Flandres vers les Hollandois, fut fi maltraité d'eux, en paffant par Roter-
dam, qu'il en penfa mourir. Les uns luy jetterent
de la boüe fur le vifage, les autres des Pierres à la
tefte, que leur fureur fembloit faire naiftre, &
leur mettre avec abondance dans les mains; il fe
trouva dans ce temps-là un Mercure affez zelé
pour la Juftice, qui en fut porter la nouvelle dans
toutes les Cours., & fut folliciter en faveur de
Pekius du fecours pour la réparation de cette of-
fence.

Voila de tres mefchans traitemens, mais le
Roy a encor un plus jufte fujet de fe plaindre des
Hollandois, qui font fi accoûtumez, comme l'on
voit, à outrager les Puiffances : Car fi fouffrir en
fon honneur par les calomnies, eft plus dur que
de fouffrir en fon corps par les coups, le Roy a
efté plus offencé que Pekius, puifque ces peuples
ont voulu perdre & détruire entierement fa réputation. Si la grandeur de la perfonne fait celle
de l'affront; fi par la qualité de l'offencé on juge
de

de l'injure, celle des Hollandois commiſe en la Perſonne de ſa Majeſté eſt infiniment plus atroce que celle de Pekius. Il n'avoit rien de plus conſidérable que la qualité d'Ambaſſadeur d'Archiducs; & quand il l'euſt eſté d'un Roy, ſa dignité n'euſt eſté qu'une image de la Royauté; mais c'eſt la Royauté meſme qu'on a offenſée en la perſonne de LOUIS; ce n'eſt point la copie qu'on a diffamée, c'eſt l'original; & ſi nous nous arrétons à ſes qualitez toutes ſeules, comme il n'y a point de Roy plus qualifié que luy, on peut dire auſſi qu'il n'y eut jamais de plus grand & de plus ſenſible outrage que celuy qu'il a receu de ces peuples. LOUIS eſt de l'Ordre du *S. Eſprit*, n'eſtce pas eſtre d'un illuſtre rang? mais encor en eſtil le Chef. Il eſt le Fils aîné de *l'Egliſe*, & partant le premier né du Ciel. Il eſt Roy de *France*, il eſt conſéquemment le premier Roy du monde. Il eſt de la Lignée de *Pharamond*, il eſt ainſi de la premiere Maiſon de l'Univers. Le Roy, comme l'on void, Prime par tout, en tout, & ſur tous; mais ſon merite le met encor au deſſus de ces advantages. Il eſt un HEROS INCOMPARABLE, c'eſt dire tout ce qu'il y a d'auguſte; & faire un affront à un ſi grand Monarque, c'eſt commettre un crime dont la grandeur eſt ſans comparaiſon.

Le Roy donc allant punir les Hollandois, ces

indifcrets & ces infolents, ces envieux du repos
de l'Europe, & ces perturbateurs des Monarchies,
n'a-t'il pas eu beaucoup de Juftice ? Quelques
maux que la guerre leur ait caufé, les ont-ils pas
bien meritez ? Cependant, quoy que la Juftice la
moins rigoureufe le dûft poufler à les réduire plûtoft, fa clemence a voulu tenter auparavant tous
les moyens de les remettre dans leur devoir.
LOUIS a tant de panchant pour la paix, qu'il
a fait ce qu'il a pû pour s'empefcher de prendre
les armes, il a balancé plufieurs années pour entrer dans cette réfolution. Tout le monde ne
fçait-il pas qu'il n'a fait que ceder à la néceffité en
les attaquant ? Comme le plus grand foin de ce
Monarque eft de ne point envahir d'Eftats, il
conferve & cultive autant qu'il peut l'amitié de
fes voifins, & n'eût jamais entrepris de combatre
ces peuples qu'il a défaits, s'ils n'euffent commencé les premiers à fe broüiller avec luy d'une auffi
injuricufe maniere qu'ils ont fait.

Mais LOUIS a encor d'autres raifons pour
authorifer la Juftice de fes armes. Je les ay promi-
fes, je vas les dire. C'eft que les Hollandois en
ont ufé fi injuftement, qu'ils ont voulu oublier
qu'aprés la prife de *Courtray* par les Marefchaux
de Rantzauu la Mailleraÿe, Gaffion & Grand-
mont, fous le Commandement de *Gafton d'Or-*

leans, & aprés une déroute de leurs anciens ennemis, lors mesme que Picolomini, Caracene &
Lamboy leurs Chefs, eſtoient encor à craindre
par leur force & par leur union, on ne laiſſa pas
de détacher du corps de l'armée de France qui
n'étoit compoſé que de Trente mil hommes, trois
mil Chevaux, & autant de Fantaſſins, pour les
ſecourir. Ils s'en trouverent fort bien , le Roy
s'incommodoit pour les accommoder en ce tems,
& comme il a fait en pluſieurs autres occaſions,
aſſez fameuſes dans l'Hiſtoire. Cependant il n'en
a receu que des opprobres , c'eſt ce qui rend leur
procedé envers ſa Majeſté plus criminel.

Mais ils ont encor des ſujets de plus vieil datte
qui les oblige au reſpect pour la perſonne du
Roy, & à des étroites & indiſpenſables reconnoiſ-
ſances envers ſa Couronne. Cependant ils les
ont mépriſez, ils ſe ſont raillez des anciens droits
que le Roy a ſur leur païs, & ſur eux-meſmes. Ils
ont ſceu que *Charles* le Chauve inveſtit *Thierry*
Duc d'Aquitaine ſon couſin germain, de la Hollande , qu'il érigea en Comté en ſa faveur. Ils
ont eu loiſir d'étudier leur devoir pendant huit
Siecles, & de faire réflexion ſur ces droits qui les
rendent au moins originairement tributaires de
la France : Cependant ils ont négligé toutes ces
conſidérations pour adorer l'ingratitude , & ſui-
vre le party de l'inſolence.   B ij

On pourroit dire après cela que Mr. le Duc de *Boüillon* n'avoit pas trop bien rencontré en foûtenant à *Henry* IV. comme il fit un jour dans le Confeil, que les Hollandois eftoient néceffaires à la France ; Mr. de *Baffompierre*, qui s'oppofa vigoureufement à fon advis, femble avoir donné des confeils plus falutaires à ce Roy ; il luy prouva par des raifons fans réponfe, que la protection qu'il leur donnoit feroit un jour préjudiciable à fon Eftat. Que ce grand homme parloit jufte ! qu'il avoit les veuës de l'ame vaftes & étenduës ! Jamais Prophête n'a mieux prédit : Neantmoins, quoy que ces deux Favoris de Henry ayent efté oppofez dans leurs fentimens, je trouve qu'ils ont dit tous deux de grandes veritez. Les Hollandois eftoient neceffaires à la France, puifqu'il faloit une défaite auffi illuftre que la leur pour rendre la gloire de LOUIS immortelle : La protection auffi qu'on leur a donnée eftoit préjudiciable à la France, puifqu'ils en ont efté méconnoiffans. Henry commanda à Baffompierre de mettre fes raifons par efcrit, tant elles eftoient bien conçeuës. On ne les trouve point dans fes Memoires ; mais l'injuftice des Hollandois envers LOUIS nous convainc affez de leur folidité. Il feroit à fouhaiter pour eux que nous n'en euffions pas des preuves fi fenfibles, que leurs

INCOMPARABLE.

actions n'euſſent pas réparé la perte de ſes eſcrits, ny répondu ſi fortement de la bonté de ſon party: Mais comme le procedé de ces peuples a tourné à la gloire du Roy, & à la juſtification de ſes vangeances, nous n'avons pas ſujet de nous en chagriner.

De la protection que *Henry* a donnée aux Hollandois, on n'en peut tirer aucunes conſequences contre le Roy en faveur de l'*Eſpagne* & de l'*Empire*, qui les protegent ouvertement contre ce Heros, ny en faire le moindre préjugé d'injuſtice pour ſes armes, par un eſtabliſſement de Juſtice dans le party de ces deux ennemis de ſa Couronne & de ſes proſperitez : c'eſt ce que je ſuis obligé de faire voir, pour répondre aux calomnies des Hollandois, & juſtifier toutes les ſuites de la guerre que fait le Roy. On débauchoit les Subjets de *Henry*, les Eſpagnols les forçoient de ne le pas reconnoiſtre pour Roy, il pouvoit faire de meſme par diverſion ; il a pourtant fait moins, il a ſoûtenu à la verité les Hollandois contre ceux qui s'en diſoient les Souverains, dans une liberté de condition, mais il n'en a pas procuré le commencement, & s'il les a protegez, ç'a eſté afin de faire ſentir à ſes ennemis par une hoſtilité permiſe dans une guerre pareille à celle qu'on luy faiſoit, combien il eſt dur d'avoir des

fubjets revoltez, & pour leur faire comprendre à
leur tour par experience, l'injuftice de leur procedé & de leurs fureurs. Les Hollandois ont
trouvé leur grandeur dans ce fecours, & cette di-
verfion leur a efté extremement favorable. Cependant ils attribuent aujourd'huy leur élevation
à leur feule induftrie, ce que tout le monde fçait
n'eftre pas vray, & par la plus déteftable des lâ-
chetez, ils reprochent à la France de l'avoir fe-
couruë pendant la *Ligue*, & de l'avoir fauvée du
danger : Mais comme ils avoüent eux-mefmes
qu'ils en recevoient de l'argent, on avoüera auffi
que Henry ne leur a pas eu plus d'obligation que
nous en avons à un Charpentier pour avoir bâty
nos maifons; à qui nous n'en fommes point redevables, puifque ç'a efté noftre argent qui nous a
donné la matiere, & fon travail ; au contraire
c'eft luy qui nous a obligation de l'avoir employé.
Ce qui s'achepte ne fe donne point, ce qui eft
acquité n'eft plus deub, & ce qui eft payé ne
peut plus eftre redemandé. Un fignalé Hollandois defcendu d'un Charpentier, comman-
dant dans la Flotte de fa République, n'a jamais
eu penfée de dire à ceux qui ont employé fes pre-
deceffeurs, que leurs logis luy appartenoient, &
qu'ils luy en eftoient redevables. Je ne fçay pas
s'il croit que ces baftimens de mer, ces grands

vaiſſeaux qu'il monte, ſont par cette raiſon de ſon
bien, & s'il les compte entre ſes anciens propres,
parce que ſes anceſtres les ont peut-eſtre con-
ſtruits, je m'en rapporte à la République de Hollande s'il peut juſtement pretendre ces biens. Je
croy que ſi c'eſtoit ſon deſſein, elle le condam-
neroit, & conſequemment elle doit condamner
ſes Reproches contre *Henry*, & contre L O U I S,
puiſqu'ils ſont de la meſme nature. Tous les
Princes du monde ont des troupes Auxiliaires,
& pour cela ils ne leur ſont pas uniquement redevables de leur ſalut, de leur gloire, & de leur
Couronne ; c'eſt ce qu'on ne s'eſt jamais aviſé de
dire, non plus que de ſoûtenir que l'exemple d'un
Prince qui a fait une juſte diverſion ſur les terres
d'un autre qui vouloit luy voler ſon Sceptre, authoriſe preſentement les armes de deux Princes
contre un Monarque qui n'a point de démeſlé
avec eux, qui ne leur fait aucun tort ny en leurs
biens, ny en leurs perſonnes, ny en celles de leurs
Subjets : C'eſt ce que pretend l'Empereur & le
Roy d'Eſpagne contre L O U I S, & cette injuſte
pretention fait la *Juſtice* des armes de noſtre
H E R O S.

    Toutes ces raiſons ne nous laiſſent pas lieu de
douter du meſchant procedé de ces Princes, &
nous convainquent pleinement de la noirceur

des calomnies, & de l'ingratitude des Hollandois
contre tant d'obligations qu'ils ont à la France en
la Perſonne de *Henry* , & celle de LOUIS.
Avoüons donc que les foudres qui ſont tombées
des mains du Roy ſur ces coupables, & celles
qu'il lancera ſur les teſtes de leurs protecteurs,
ont pour fondement une grande équité. Pour
moy, conſiderant ſeulement les châtimens que le
Roy a faits de l'inſolence & de la temerité des
Hollandois, je voy que les coups qu'il a donnez
ſont partis d'un bras également puiſſant en force
& en Juſtice, que les playes que ſes armes ont faites eſtoient deuës à leur fierté ; que les maux qu'ils
ont ſoufferts, les pertes qu'ils ont endurées, & les
diſgraces dont ils ont eſté accablez, ſont des vangeances équitables dont il ne pouvoit pas ſe diſ-
penſer, ſans faire un tort conſiderable à ſon honneur, à ſa gloire, à ſa reputation, & ſans trahir
les intereſts de ſon Trône & de ſa Couronne.

Il y a dans l'Hiſtoire pluſieurs Princes qui ont
porté le nom de Juſte, mais il n'y en a point qui
l'ayent merité à ſi bon tître que LOUIS. On
peut meſme ſoûtenir qu'il n'y a eu que luy qui a
ſceu faire compâtir une extrême valeur avec une
ſcrupuleuſe Juſtice. Je vas le faire voir en la perſonne d'un ancien Prince Grec dont le Gouvernement a la réputation de Juſte.

                                              Les

Les Argiens eurent quelque jour un different avec les Lacedemoniens pour les confins de leur païs ; les premiers alléguans des motifs trop forts de leurs prétentions en prefence de *Lyfandre* Prince & Gouverneur des feconds, Lyfandre tira fon efpée afin d'appuyer le party des fiens , & ceux dit-il en mefme temps qui feront les plus vaillants, feront ceux qui auront de meilleures raifons.

Le Roy n'a pas pratiqué cette Politique , fon efprit a toûjours efté éloigné de ces tyranniques maximes : une Valeur de ce caractere n'eft pas la fienne ; il n'a point auffi tiré fon efpée pour établir fa *Juftice* fur fa valeur ; & comme on peut voir icy, il n'a fondé fa Force que fur l'équité & fur le bon droit : fon courage a fervy fa Raifon, mais fon courage n'a pas efté la Raifon fur laquelle il a ajufté la conduitte de fes mouvements, il ayme trop les maximes qui font les Heros pour ne les pas pratiquer feverement, & il fçait trop bien les diftinguer d'avec celles qui font les ufurpateurs. Difons donc que fa Force a efté fon bras, & que fa *Juftice* a efté la main qui a pris les Armes ; ou fi on veut, que fa *Juftice* a tiré l'efpée ; & que fa Valeur l'a pouffée.

Mais les Hollandois en outrageant fa *Majefté*, n'auroient-ils point eu un bon deffein ? ne leur

auroit-il point pris envie d'en faire un grand
Saint ? & le reconnoiſſant pour fils aiſné de l'*Egliſe*,
ne ſe ſeroient-ils point prévalus de cette qualité
pour le croire inſenſible aux injures ? Pour moy,
je penſe qu'ils ont crû le Roy Chreſtien juſques
à cet excés, à cauſe qu'il eſt appellé Roy *Tres-Chré-
tien*. Les Hollandois ſont peuples ramaſſés & de
diverſes Religions, n'y auroit-il point eu parmy
eux quelque ſecte conſidérable d'*Anabaptiſtes* ſe-
crets & cachés qui leurs auroient adroitement
inſpiré leurs ſentimens, & les maximes de *Bukolde*,
de *Strapede* & de *Rotiman* leur premiers peres,
dont la doctrine roulloit ſur l'opinion , ou
ſont encor aujourd'huy leurs ſectateurs, que la
défence n'eſt point permiſe à un Chreſtien , &
qu'elle luy eſt défenduë par le commandement
de preſenter la jouë droitte quand on luy frappe
ſur la gauche ; il faut s'imaginer qu'ils ſe ſont per-
ſuadés que L O U I S eſtant Tres-Chreſtien ſeroit dans cette croyance, & qu'il obſerveroit tres
exactement cette Loy de l'Evangile : que ſçait-on
meſme ſi tous les Hollandois ne ſe ſont point
réünis avec les Anabaptiſtes , & n'ont point re-
noncé à leurs differentes Religions pour embraſ-
ſer contre le Roy celle de ces autres heretiques ;
& ſi en haine de L O U I S ils n'ont point eſté
tous prévenus qu'ils pouvoient (ſuivant leur Doctrine) l'offencer impunément ?

Cependant les Hollandois fe font trompés, car comme la défence n'empefche point la Sainteté, & ne répugne point à la qualité de Chreftien, le Roy a pû vanger fur eux fa réputation par les voyes les plus rigoureufes : La *Religion* & la *Juftice* s'accordent en cela, & c'eft la Juftice de la Religion qu'il fuit en fe vangeant; c'eft pour l'Eftat, c'eft pour une caufe publique; c'eft pour plufieurs intereffés dont il eft le Chef ; c'eft pour tout un Royaume ; c'eft pour tous les Roys offencés en fa Perfonne, & c'eft enfin pour fon honneur outragé qu'il a fait la guerre aux Hollandois, dans l'efprit de Dieu mefme, qui eft la grande régle de la Juftice ; car le Roy fçait que c'eft Dieu qui a fait vaincre *Jofué*, qui a commandé à *Judas* de combattre fes ennemis, à *Samfon* de les opprimer, & à *David* de les exterminer ; que c'eft luy qui a fuggeré l'invention des armes; qu'il a donné aux Rois le droit de glaive , & qu'enfin on peut en confcience tirer raifon d'une injure; Il fçait que Dieu a approuvé l'employ du *Centurion* , qui accordoit fi bien la Religion avec le meftier de Soldat ; & qu'il a fanctifié celuy de *Corneille*. Dieu mefme ayant chaffé hors du Temple les *Marchands* qui le profanoient, a montré à L O U I S à chaffer hors de l'Europe ces Marchands *Hollandois* , puis qu'ils en ont toûjours efté le fcandale. Le deftin

de *Saül* luy eſt encor une inſtruction. Ce Roy perdit ſa Couronne par ordre du Ciel pour n'avoir
pas combatu *Amalec* ſon ennemy : Et *Iean de Leyde*,
Roy de ces Anabaptiſtes Hollandois, dont j'ay
parlé, ayant fait trancher la teſte à une de ſes
quinze femmes pour avoir eu pitié des miſeres
du peuple de Munſter, nous aprend, à plus forte
raiſon, à loüer la ſeverité & l'équitable vangeance des armes du Roy, & nous engage à luy faire
juſtice là deſſus, & à ſon allié *Monſieur* de *Munſier*
qui eſt auſſi en butte à leurs violences & à leurs
inſultes.

Les Hollandois devoient travailler à vanger la
mort de *Bernaveldz*, qui perit pour la liberté d'*Amſterdam*, s'ils en eſtoient ſi jaloux, & s'ils avoient
tant d'envie de ſignaler leurs armes, comme ils
l'ont fait voir. Mais bien loin de faire quelque
choſe d'auſſi digne du nom de Républicains, bien
loin de chercher les moyens de ſatisfaire aux
manes plaintives d'un ſi grand homme, & d'ap-
paiſer les inquiétudes de ſon ombre, ils ont élevé
à la dignité de *Stataulder* à Delph, le fils du meur-
trier de cette illuſtre victime de leur pays, &
parce que *Grotius* ſon colloque & compagnon
de ſon mal-heur, ſe ſauva des priſons dans une
caſſe vuide de livres qu'il euſt la liberté de ſe faire
apporter, & qu'il évita un pareil deſtin que Ber

naveldz; il femble que les Hollandois ayent voulu reparer cette fuitte & cette évafion avec ufure en facrifiant deux hommes pour un ; je veux parler des deux *Huvart Vvits* qu'ils ont immolés au Prince d'Orange vivant, qui a voulu leur mort pour mettre en la place de celuy qui eftoit Bailly de Puttem, *Celeydeck* fon partifan, parce que l'autre luy faifoit ombrage dans cette grande & confidérable charge , & qu'il l'empefchoit de s'emparer de la Souveraineté de la Hollande, comme il prétend faire dans peu, de ce qui luy refte de Domaine & d'authorité. Cette feule lafcheté des Hollandois rendroit les armes du Roy juftes, quand il n'auroit point d'autre motifs que la vangeance de leur infidelité , & d'autre raifons que le chaftiment de leur mal-honnefteté , de leur peu de reconnoiffance , & de ces crimes qu'ils ont foufferts & authorifés ; car c'eft aux Roys à prendre de leur chef les querelles qu'on fait aux particuliers, ce font les Protecteurs nés des mal-heureux & des opreffes de tous les pays.

Tant de raifons prouvent de refte la *Juftice* des armes de LOUIS, mais il y en a encor quelques-unes auffi équitables qui ne les authorifent pas moins; c'eft que tous ceux qui ont fait la guerre aux Hollandois n'ont point eu des motifs pour la leur faire, fi bien fondée qu'a eu le Roy ; ceux qui

ont paru avoir des prétextes plus raisonnables
ont esté les Espagnols; ils se sont servis de la cause
de la *Religion* qui semble justifier toutes choses;
mais ne sçait-on pas que c'est la couleur de leurs
ordinaires injustices : on est desabusé de cette
raison dont ils ont toûjours voulu infatüer le
monde, & couvrir leurs cruautés : tout est déguisé
chés eux, ils font aller la Religion en masque; ne
voit-on pas qu'ils protégent aujourd'huy les Hollandois; ils les maintiennent contre le Fils aîné
de l'*Eglise* ; ce n'estoit donc pas une cause sainte
qui les animoit quand il leur ont fait la guerre,
comme ils le publioient pour lors , & quand ils
ont fait pendre en peu de temps 22000 hommes
pour satisfaire à leur rage prétextée de sainteté.
C'estoit un desir qu'ils avoient de posseder des
Estats qui estoient à leur bien-seeance, & qui
tentoient autant leur ambition démesurée , que
leur naturelle insatiabilité; ils ne vouloient pas y
establir la Religion , puis qu'ils veulent l'empescher d'y entrer , puis qu'ils consentent qu'elle
ne s'agrandisse point , & qu'ils font pour cela
leurs derniers efforts , pourvû que le Roy ne s'a-
grandisse point dans ce pays dont ils ne peuvent
quitter la convoitise; mais comme il n'y a point
de gens plus jaloux du nom d'innocents que les
plus grands criminels, ny de femme qui affecte

plus la qualité d'honnefte que celle qui l'eft moins; c'eft par cette raifon que l'Efpagnol ambitionné de porter le nom de *Catholique*, n'eftant rien moins que ce que dit ce nom, mais la conduite du Roy fur l'établiffement & le progrés de la Religion, eftant plus droitte & plus fincere, comme on fçait, & comme j'ay fait voir, on peut foûtenir qu'elle eft mieux digerée, & qu'elle a une fin plus loüable. Il eft impoffible de nier aprés cela qu'il n'y ait pour ainfi dire, un excés de *Juftice* dans les motifs des armes du Roy, & autant d'équité que la loy, la raifon, & mefme la bienfeance en peuvent demander dans la guerre, pour les compenfer avec l'excés des maux qui s'y commettent.

Selon l'opinion de quelques-uns, tant de Juftice n'eft pas tout à fait requife pour prendre les armes, il n'eft pas mefme befoin de chercher des motifs trop équitables, car felon le fentiment de quelques fameux Heros, il n'y a rien de fi faint qu'on ne foit en droit de profaner quand il eft queftion de vaincre ; l'iniquité conduit à l'Empire auffi bien que la vertu, on peut violer la Juftice pour regner, on peut tout entreprendre pour commander, le crime le plus noir eft juftifié par cette haute entreprife ; il devient éclatant par l'éclat de la Victoire, il eft innocent par le

bien-fait du Triomphe, qui couronne les actions
aussi bien que la teste de ceux qui les pratiquent.

Ces maximes font dangereuses, & cette politique eft funefte, il n'y a rien de pernicieux qu'elle
n'infpire, ny de crüel qu'elle ne fuggere; il n'y a
point de poifon dont elle ne foit remplie; elle
eft pourtant de *Cefar*, & *Alexandre* s'en eft fervy;
ce font les leçons que ce Romain a laiffées aux
Conquerants, & les regles de la vie de ce Mace-
donien; LOUIS n'eftant point leur difciple,
ny leur imitateur, ny un Heros de leur Caractere, ne s'en eft point fervy; on ne voit rien de fi
damnable dans fa conduitte, auffi auroit-on
grand tort de donner ces Capitaines d'Italie &
de Grece pour le modelle des Heros, cet honneur n'appartient qu'à LOUIS.

En effet, les deffeins du Roy font mieux con-
duits, les motifs de fes entreprifes font conçeus
dans de plus fages idées, les confeils de fon ame
font plus falutaires; le Roy n'a jamais couru au
crime qui le pouvoit fervir, il eft premier chés
luy d'eftre *Jufte*, que Conquerant; fes réfolutions
ne font point les effets d'une temeraire paffion,
fes actions n'ont point pour principe l'aveugle-
ment; fa vie n'a point pour régle de funeftes
maximes; fa raifon n'eft point fi corrompuë, fon
cœur n'eft point fi prévenu de fauffes illufions,
ce n'eft

ce n'eſt point aux dépens de ſa conſcience & de
ſa pieté qu'il a vaincu , il s'eſt laiſſé aller à la néceſſité des vangeances qu'il ne pouvoit s'empeſ-
cher de tirer de ſes ennemis, il a ſuivy cette Loy
indiſpenſable des Roys qui les authoriſe , & les
force à ſe rendre juſtice quand on la leur denie,
& de plaider au Tribunal de Mars, n'ayant point
d'autres Juges dont ils ſoient juſticiables en ce
monde.

Les Hollandois avoient dans Amſterdam un
Docteur à gage nommé *Klenkius* qui leur donnoit publiquement des inſtructions de politique,
il leur compoſa un abregé du changement des
Eſtats, mais il a bien mal employé l'argent qu'il
recevoit de ces Peuples, qui n'ont guéres profité
des apointemens qu'ils luy donnoient ; car tout
grand homme qu'il eſtoit, il ne leur a pas apris
une choſe qu'il falloit leur enſeigner, qui eſt que
l'injure faitte à un Monarque & à un Heros comme LOUIS XIV. eſt la plus infaillible cauſe
du changement des Eſtats , puis qu'elle traîne
neceſſairement aprés elle la perte de tout un pays.
Si on doute de cette verité qu'on s'en rapporte
aux *Hollandois*.

Batauus

Zelandicus

Hispanus

Belgicus

Qua
ter

Lysi
macu

Vne profonde nuit veut triompher de moy
Mais malgre ses efforts je Luy donne la Loy

I Toutain F.

FORCE.

J'AYME l'invention de celuy qui pour marquer la Force de l'union, l'a repreſentée ſous la figure d'un feſſçeau de dards qui ne peuvent eſtre rompus, eſtans unis & joints enſemble, quoy qu'ils le puiſſent eſtre ſans effort lors qu'ils ſont ſeparez : c'eſt auſſi ce qui a fait dire aux Maîtres de la Moralle, aux Naturaliſtes, & aux Politiques meſme, que l'union eſt la plus forte choſe du monde, dautant qu'il ne ſe fait rien dans la Nature, dans la Vie, dans le Gouvernement, ſans union, de quelque eſpece qu'elle ſoit, & que rien ne ſe conſerve dans ſon entier, & ne ſe maintient, que par ſon aide, & par ſon miniſtere.

Quoy que ſelon toutes ces opinions & ces ſentimens ſi uniformes, l'Union ſoit la plus forte choſe du monde, & que ſa force ſemble encor inconteſtable par l'alliance & la ſympathie des

A

fentimens de tant de perfonnes fi ordinairement
oppofées, cependant elle eſt moindre que la *Force*
du Bras & des Armes de LOUIS, qui prévaut
non-ſeulement à celle de l'Union, mais encor à
l'*Union* meſme.   Nous en avons un témoignage
celebre dans la défaite des Hollandois, car l'Û-
nion des Païs-bas n'a pû réſiſter à LOUIS, ny
preſcrire ſa Force côtre celle de ce Heros. Quand
il a commencé à réduire ces Provinces, *Vnies* en
1579. il ne manquoit que ſept ans pour accomplir le nombre de Cent, qui eſt le terme de la
plus grande preſcription, & qui devoit faire celuy d'une durée parfaite, le Roy l'a arrétée ; ce
qui eſt une marque infaillible qu'il n'y a rien qui
puiſſe saſſeurer de ſa Force contre celle de
LOUIS.

C'eſt un grand coup pour le Roy, & une preuve fignalée d'une Force ſans égale, d'avoir vaincu la *Hollande*, fi bien unie dans ſes membres,
puiſqu'elle a eſté meſme avant ſon union, terrible & indomptable. En effet, elle a toûjours
donné de la frayeur aux Conquerants : Pluſieurs
l'ont attaquée ſans qu'elle en ait eſté vaincuë ;
Ainſi il ſembloit que tout devoit éternellement
luy céder, & que l'effort du Bras du Ciel ne pouvoit pas tirer du ſein de ſa fécondité, une puiſſance qui fuſt capable de la combatre, & de luy

INCOMPARABLE.
sa Force. Le premier est des *Romains* qui firent
la guerre à cette Nation, mais que toute leur bra-
voûre ne pût réduire, se trouvant assez glorieux
de faire porter le nom de leurs Alliez aux Hollandois ; d'obtenir d'eux de les appeller leurs fre-
res ; & pour reconnoissance, de leur donner le
Tiltre de suppost de leur Empire. Le second
exemple est de nostre Siecle, dans lequel la Hollande a donné des marques authentiques de sa
Force. Elle a obligé l'*Espagne*, toute florissante
qu'elle estoit, appuyée de ses amis, pour lors tres-
puissans, & de sa Maison, dont il y a tant de
branches, de la reconnoistre pour un Estat *Libre*
& *Souverain*, par un Traité solemnel, aprés 80 ans
de guerre sanglante.

Cependant, malgré tous ces advantages,
LOUIS a soûmis la *Hollande*, il a fait voir par
une expérience sensible, qu'elle pouvoit estre
assujettie. Il faut avoüer que l'entreprise estoit
hardie, elle ne pouvoit entrer que dans l'Ame
d'un HEROS INCOMPARABLE ; car outre
cela, la Hollande avoit un grand nombre de
vieilles trouppes, & on en devoit attendre une
résistance d'autant plus vigoureuse, qu'elles
estoient commandées par des Chefs de réputation & d'expérience. La réduction des Rois à qui

A ij

elle a fait la guerre dans l'Afie, & dans les autres
parties du monde, eſtoit un juſte ſujet d'en ap-
prehender quelque choſe de facheux, avec d'autant plus de raiſon, qu'elle eſtoit montée, par le
ſecours & l'aſſiſtance des Prédéceſſeurs de LOUIS,
dans une grandeur de Puiſſance qui duroit encor, & qui ſembloit la mettre à couvert de
ſes coups, pouvant oppoſer en quelque maniere *France* contre *France*, & élever *Lys* contre
Lys. Le Roy neanmoins l'a attaquée, il l'a bat-
tuë, il l'a vaincuë, & par cette Victoire il a fait
quelque choſe dont l'immortalité eſt la moindre
récompenſe ; car par ſa défaite, il s'eſt mis au deſſus d'elle, & au deſſus de ſes Prédéceſſeurs, en
triomphant des forces qu'ils avoient fait paſſer
chez elle, & à laquelle ils les avoient communi-
quées d'une maniére qu'elles ſembloient eſtre in-
vincibles, & d'une éternelle durée.

Le Roy, comme on void, n'a point craint
celle qui s'eſtoit miſe ſur un pied d'*Indomptable*,
les forces que luy donnoient ſes armées de mer
ont encor eſté de foibles moyens pour la garantir
de ſes attaques : les eſcluſes dont elle le menaçoit,
& qui la rendoient ſi fiére, n'ont ſervy qu'à faire
à ces peuples de plus étroites priſons : Ses ſoldats
ſur leſquels elle faiſoit un ſi grand fonds, quoy
que tres braves, ont eſté défaits ; ſa prudence

qu'elle a toûjours regardée comme la *Generalle* de ses trouppes, s'est veuë séduite ; & celle qui estoit si sçavante à prendre des hauteurs, a mal pris ses mesures contre le Roy : Ses veuës qui étoient à la vérité vastes, se sont pourtant trou-vées bornées, & sa fortune & son destin, loin de réparer ses disgraces, l'ont abandonnée pour se ranger du party de LOUIS, qui les a forcez tous deux de prendre sa querelle, d'épouser ses intérests, & de se soûmettre au véritable mérite.

Voila comme il faut vaincre, ce sont de ces gens étroitement *Unis*, considérables en *Puissance* & en *Force*, de toute sorte d'espéce, *d'Armes*, & *d'Hommes*, éprouvez par des *Guerres* célé-bres ; endurcis par des *Fatigues* continuelles ; in-struits de long-temps par des *Artifices* signalez, qu'il faut avoir pour ennemis, & qu'il faut rédui-re pour mériter véritablement le nom de *Heros* : C'est aussi une Force de la qualité de celle du Roy, qu'on appelle proprement Force : Ce sont ces gens qu'on peut appeler ennemis, parce qu'il y a de la résistance à surmonter. Quand on triom-phe à ces conditions, on peut prendre le nom de Heros : Ce n'est pas quand on attaque des Estats foibles, corrompus, divisez, & quand on laisse derriere soy les plus forts, car à peine est-on digne de ce nom. C'est gagner des païs, ce n'est pas

vaincre;C'eſt en avoir la joüiſſance,ce n'eſt pas en
poſſeder les droits ; C'eſt en eſtre l'uſurpateur , &
non pas en eſtre le maiſtre. *Ceſar* & *Alexandre* ont
pourtant eſté de ces gens-là qui n'ont oſé attaquer
des ennemis forts & puiſſans , comme LOUIS.
Il n'eſt pas difficile de le faire voir : J'en parleray
icy , afin qu'on connoiſſe que leur Force a encor
eſté inférieure à celle du Roy.

D'abord qu'*Alexandre* eut fait deſſein de s'a-
grandir , & que l'envie de conquérir luy eut enflé
le cœur , il médita de quel côte il tourneroit ſes
pas : Il arréta ſes veuës ſur l'*Aſie* ; il crut en venir
à bout aiſément , & ne ſe trompa point, car il
préveut trés-bien que la multitude des peuples de
ce païs , & leur méchante diſcipline , faciliteroit
extrémement leur défaite. Il jugea fort à propos
qu'il n'auroit pas de peine à les vaincre , leurs
mœurs étans corrompuës par l'abondance & la
delicateſſe de toutes les choſes qui font la volupté , & qui ſe rencontrent ſous ces climats. Il ne
ſe tourna point du côté d'*Italie* : Il ne fit point la
guerre aux Romains , parce que c'étoit une nation belliqueuſe , accoûtumée dés ſon origine au
travail , ne vivant qu'avec la peine , & continuellement occupée dans les armes , qui ne demandoit que de la gloire, & qui prodiguoit journelle-
ment ſa vie pour la moindre choſe qui luy reſſem-

bloit. Alexandre n’euſt pas trouvé là ſon compte; & que ſçait-on s’il ne fuyoit point allant dans l’Aſie, & ſi ſa ſortie de Grece n’eſtoit point plûtoſt un effet de ſa crainte, que de ſa valeur ? J’ay des Autheurs garants de ce ſoupçon, & je ne voudrois pas nier que le *Hazard* ne l’euſt fait conquerant ; car il n’y a jamais eu d’homme qui ait fait plus de fautes, & il euſt péry mille fois ſi la Fortune ne les euſt renduës heureuſes. Sans ſortir d’*Italie*, diſons la meſme choſe de *Ceſar*, ſon premier *Heros*, il n’attaqua jamais Rome quand ſes Citoyens eſtoient encor aſſez unis, pour eſtre redoutables. Il entreprit & réſolut de la perdre, quand il la vit entiérement & ſans reſſource déchirée en factions, & ruïnée par des véxations de partis differents. Il tourna ſes armes contre ſon ſein, aprés qu’elle fut altérée par des diſſentions domeſtiques, & déchuë de ſa puiſſance. Il n’étoit pas ſi difficile de vaincre un Eſtat qui eſtoit malade, & preſque aux abois : La mort ſe donne ſans peine à qui l’attend.

Mais le Roy plus *Heros* que ces Heros, a attaqué la *Hollande* dans le plus floriſſant & le plus vigoureux eſtat du monde, dont elle a donné des marques authentiques : car ce que le Roy a pris a eſté tres-bien défendu : Il a attaqué des *Forts* autant bien munis de vivres & d’hommes qu’il en faloit pour des Sieges de plufieurs années. Il a pris des *Villes* redoutables par la fituation du lieu & le bienfait de la Place, au deffus de ce que l'on peut imaginer, avec la plus prompte de toutes les ex-péditions. En peu de jours le Roy a battu *Nime-gue*, la profondeur des eaux du *Vahal* en ce lieu ne l'a point étonné, car la grandeur de fon ame eft encor plus étenduë. Il l'a forcée malgré la défen-ce de fes Portes, malgré l'avantage de fon Châ-teau pofé fur une montagne, malgré fes Habitans qui font extrémement aguerris, & fa Garnifon qui eftoit de fix mil hommes; mais comme on ne compte point fur des advantages en prefence d'un HEROS INCOMPARABLE, on ne peut nom-brer des Forces auprés de celles de LOUIS; la fienne eft maîtreffe de toutes les autres: *Grool* a des Murailles tres-larges, & extraordinairement hautes: Cinq gros Baftions à cornes font frond de toutes parts aux ennemis; la riviere *Slingh* rem-plit abondamment fes foffez; un grand Boule-vard derriere lequel eft la Ville la met à l'abry du canon, & tout cela n'a pû tenir ferme contre LOUIS; pouvoit-on en attendre autre chofe, l'intrépidité mefme ne fçait ce que c'eft d'eftre ébranlée, elle ignore les coups de l'atteinte, elle les donne & n'en reçoit jamais. Un torrent qui defcend des montagnes voifines d'*Arnhem*

la

la rend formidable , & la défend , fans ofer l'en-
dommager ; mais le Roy plus formidable que
tous les torrents, la touchée , & la renverfée. Il
l'a voulu , & cela a efté fait : Il l'a entrepris , &
cela a efté executé. La nature a pris peine à for-
tifier *Zutphem*, le fleuve *Yſſel* la garde au couchant;
le *Berkel* en empefche les approches au Levant;
fes eaux environnant la Ville , comblent fes foffez extrémement profonds , & aprés avoir formé
autour plufieurs marefcages , & mille fondrieres,
la traverfent enfin par le milieu , pour donner
aux Habitans dequoy fe régaler pendant un Siege. Une Ville fi bien conditionnée eftoit imprenable à tout autre qu'à celuy qui néglige
de prendre tout ce qui fe peut prendre , comme
le Roy ; toutes les autres *Villes* dont il s'eft emparé
avoient des dons de la nature auffi advantageux,
outre le grand nombre de foldats qui eftoient
dedans : mais comme le Roy eft une production
au deffus des Forces ordinaires de la nature , fon
Bras a efté plus puiffant que la main de la nature;
& quoy qu'elle ait travaillé à la fortification de
ces Places avec grand foin , LOUIS a fait voir
qu'il eftoit plus fçavant à vaincre & à détruire,
qu'elle à former , & que la force de fes armes pré-
valoit à toutes les fiennes. Il y avoit tant de Forces, de Nature, de Prudence, de Places, d'Hom-

B

mes, & de toutes autres chofes dans la Hollande,
qu'il n'y manquoit plus que la Force du Bras de
LOUIS pour y trouver toutes les forces poffibles:
mais par un heureux deftin cette derniere s'y eft
rencontrée, elle a fupprimé toutes les autres ; &
ce qui eft admirable, c'eft que ces forces eftant
vaincuës, elles font encor un argument de la force, & cet argument en eft un éternel de la honte
des Hollandois, & de la gloire du Roy.

Il a fallu une *Force* femblable à celle de noftre
INCOMPARABLE HEROS, pour vaincre toutes ces
réfiftances, & pour furmonter tous les périls qui
les accompagnent. Il en a triomphé, & en cela il
a fait des chofes fi furprenantes, qu'on peut foûtenir qu'il n'y a point eu de Conquerant dont la
force puiffe eftre comparée à celle de LOUIS.

Pour le *Bonheur*, il ne fut jamais de Force
comparable à la fienne ; car on ne void point
dans l'Hiftoire de Heros qui en une feule Campagne ait pris comme luy plus de *Cinquante* Villes tres-confidérables, & *Sept Forts*, qu'on pourroit appeler les Sept merveilles des Fortifications ; fans reffentir le moindre contretemps,
fans voir fes Conqueftes interrompuës par le
plus leger advantage qu'ayent pû avoir fes ennemis : fans recevoir aucune difgrace, fans lever le Siege d'aucune Place, & fans manquer au-

cune entreprife. *Charles-Quint* qu'on dit avoir efté
trop heureux pour un Prince Chreftien, perdit
fon crédit devant Metz : Il fut obligé aprés plus
de fix mois de Siege de retirer de devant cette
Ville fa nombreufe armée. *Maurice* de *Naffau* n'a-
t'il pas efchoüé devant *Berg-op-zoom*, & n'a-t'il pas
fait dire de luy qu'il devoit mourir devant le Siege
de cette Ville ? *Guftave Adolph*, dont le nom a fait
trembler l'Allemagne, & les Puiffances voifines,
perdit fa réputation devant *Copenhagem*, fon armée
fut défaite en l'Ifle de *Funem*, par les Hollandois,
qui vindrent au fecours du Roy de Dannemarc,
& il s'en alla enfuite mourir de chagrin à *Gottem-
bourg*. L'affront de *Charles*, & la difgrace de *Maurice*, font des fujets éclatans de la force de LOUIS:
Rien au monde ne la prouve mieux ; il en trouve
l'éloge dans leur honte, & il fait fa grandeur de
leur retraite ; mais le malheur de *Guftave* en eft
encor un fujet plus illuftre, car vaincre les *Hollandois*, vainqueurs de *Guftave*, c'eft le dernier efcüeil
de la *Force*.

   La rapidité des effets de celle du Roy, le met
encor au deffus de tout ce qu'il y a de Conquerants : LOUIS n'a fait que courir, il n'a pas
marché ; les efforts de la réfiftance qui arrétent,
parce qu'il faut du temps pour les vaincre, n'ont
fait que précipiter fes Conqueftes. C'eft un fou-

dre qui a renverſé tout ce qui s'eſt oppoſé à luy;
c'eſt un torrent qui a ravagé tout ce qu'il a rencontré ; c'eſt un vent furieux qui a mis bas les plus
hauts & les plus ſolides Edifices.

　Je trouve que les Hollandois ont ſujet de ſe
loüer de cette rapidité, car le Roy prenant ſur
eux cinquante Places en deux mois, il leur a eſ-
pargné le chagrin qu'un autre Conquerant que
luy leur auroit donné en cinquante années, au
moins, quand meſme il auroit eu aſſez de force
pour triompher de ces peuples, & en eſtre toûjours victorieux.

　Il ne ſe trouvera point de Conquerant qui ait
imité la viteſſe du Roy, de prés ou de loing. Le
grand *Cham* des Tartares à mis pluſieurs années à
s'emparer du Royaume de la *Chine* ; & le *Xerif*
Muley Arxid, Empereur de *Taffilette*, qu'on peut
appeler un prodige de force, a eſté plus de huit
ans à ſe rendre Maiſtre de cette portion de terre
dans l'Affrique, que ſes armes luy ont acquiſe.
La priſe de *Candie* eſt l'ouvrage de pluſieurs Empereurs *Ottomans* ; ce païs n'a point entré dans le
domaine de Conſtantinople qu'aprés 23 ans de
guerre ſanglante, & la *Hollande* n'a couſté que
deux mois au Roy; ce qui reſte à prendre, comme
j'ay déja dit, ne mérite pas qu'on en faſſe une
exception ; il ſeroit déja pris, n'eſtoit que le Roy

a receu l'humble priere de ces peuples, & a fur-
cis ses armes pour escouter des propositions de
Paix.

Mettre un long-temps à faire des Conquestes,
c'est vaincre avec trop de formes, le cours en est
trop lent pour des Ames qui ne doivent estre que
de feu, & dont l'activité doit ressembler à celle
de cet élement. C'est le propre d'une vertu commune de faire tout avec le temps, sa Majesté n'a
pas voulu partager la gloire de ses armes avec ce
grand Ouvrier, il l'a devancé par sa Force, afin
que l'on pût une fois dire qu'un Heros avoit esté
maistre de celuy au pouvoir duquel tout cede.
Dans les Conquestes, la précipitation est une
chose tres-considérable, elle devient dans la
guerre une grande vertu. Un Heros du premier
ordre hâte ses victoires, devance toutes les mesures, passe par dessus les formes, & prévient tous
les temps ; car les longueurs de toutes ces choses
donnent lieu de croire que les Conquestes sont
autant leurs Ouvrages que ceux des Conquerants.
Le Roy est exempt de ces reproches, & la rapidité de sa Force le met au dessus de ces soupçons.
Pourroit-on nier aprés des preuves si authentiques qu'il ne soit pas un HEROS INCOMPARABLE?
On ne le peut, sans luy faire la plus grande & la
plus énorme de toutes les injustices ; & quelque

force de raifonnement que l'on pûft mettre en
ufage pour cela , elle feroit inutile ; car la *Force*
de fon Bras convaincroit beaucoup mieux les
efprits.

  Maëſtrick ne dément-il point ce que je viens
d'avancer ? N'eſt-il point un témoin du contraire ? N'accufe-t'il point la Force du Roy de lenteur ? car la prife de cette Ville luy a coûté treize
jours de Siege ; il y a bien des moments, il y a
bien des heures dans cet efpace de temps, & comme les heures & les moments de la vie d'un H E-
R O S I N C O M P A R A B L E doivent eſtre autant
de triomphes, & que ceux du Roy n'ont eſté em-
ployez qu'à la Conqueſte de cette feule Place, il
femble qu'il ait eſté oifif, & que fa Force ait eſté
inutile plus de 12. jours, ou qu'Elle n'ait marché
que fucceffivement à pas comptez,& avec trop de
retenuë. Cependant l'importance de cette Place,
les grandes fatigues du Siege , la défence vigou-
reufe des Habitans, la nombreufe Garnifon de la
Ville, les Fortifications extrémement régulieres,
la grandeur du courage de fon Gouverneur,tous
les avantages des ennemis, avec les contretemps
facheux qui y font arrivez , font voir à tout le
monde que le Roy a eſté plus viſte dans cette
· Conqueſte, que ne va l'éclair. Aprés cela on
doit foûtenir que cette Victoire eſt un miracle,

& que le temps de la prife de cette Ville n'eft pas confidérable.

Il n'y euft jamais de Siege plus fanglant que celuy-là , & où l'on ait veu chaque jour tant de défaites & de victoires , tant de blef-fez, tant de morts, tant de canon tiré , tant de grenades jettées d'une place, tant de fourneaux fi bien réüffiffants, & tant de moufquetades dé-chargées fur les affiegeants. On ne vid jamais tant de feu , de fouffre , & de falpeftre voler en l'air, tant de Palliffades fi difficiles à prendre , de Contrefcarpes fi bien défenduës, des demie-Lu-nes mieux fecouruës, des Logements d'affiegez fi peu acceffibles, & cependant pris, perdus , repris, attaquez & défendus encor une fois. On ne vid jamais d'Ouvrages à Cornes fi bien faits, & d'u-ne fi belle méthode, ny de Barrieres fi ferrées; car un homme avoit peine à y paffer: Toutes ces chofes font d'une réfiftance fans égale, elles mon-trent une force qui eftoit capable d'effrayer les courages les plus intrépides , & fi LOUIS a efté plufieurs jours à triompher de cette Place , c'eft qu'il y avoit, comme on peut voir , plufieurs Vi-ctoires par où il devoit paffer , avant que d'arri-ver à celle de cette Ville.

Dans le fort de Maëftrick, & les differens eftats par où a paffé cette Ville, on ne trouvera point

de Siege femblable à celuy de LOUIS. Le plus
confidérable & le plus fameux à mon advis qui ait
efté devant celuy du Roy, eft celuy du Duc de
Parme , mais il n'approche pas de celuy de
LOUIS, quoy qu'il faſſe bien du bruit dans le
monde, & qu'il ait une grande réputation dans
l'Hiſtoire. Il n'y avoit que mille foldats pour gar-
niſon quand ce Duc l'aſſiegea, & elle ſe montoit
à 8000 hommes quand LOUIS l'a attaquée. Il
n'y avoit que 1200 Bourgeois portant les armes
qui ſoûtenoient ces mille foldats, & lors que ceux
de Maëſtrick voulurent reprendre les 2 premiers
poſtes advantageux dont le Roy ſe faiſit, le Gouverneur commanda une ſortie de 1200 foldats en
ces endroits feuls, ſous la conduite de cent Officiers ; & à la priſe d'une feule Contreſcarpe, &
d'une demie-Lune, il y avoit plus de deux mille
hommes qui faiſoient un feu extraordinaire. Parme battit Maëſtrick avec 54 pieces de canon, &
le Roy avec 28 feulement. La pluſpart des hommes qui défendoient cette Ville contre ce Duc,
n'avoient que des fleaux ferrez pour armes:Ceux
qui l'ont défenduë contre le Roy eſtoient en bien
meilleur équipage , puis qu'ils ne manquoient
d'aucunes armes. Les Habitans eſtoient commandez dans ce dernier Siege par *Fariau*, qui eſt
un Capitaine plus expérimenté & plus brave que
                                        Svvartſ-

Svvartfembourg de Herle qui foûtenoit le premier, puifque tout l'honneur de la conduite & de la durée de ce Siege, fut donnée à Sebaftien *Tapin* Ingénieur François qui eftoit dans la Ville, & c'eft un advantage que n'a point eu le Roy. Parme, avec toutes fes forces paffa cinq femaines à battre un Ravelin qui eftoit devant la porte de Bruxelles, & un Ouvrage à Corne qui eftoit devant cette Porte des mieux défendus qui furent jamais, fut emporté par le Roy en cinq heures pendant une nuit. Parme fit joüer fous les murailles de la Ville 22 mines, & le Roy pas une feule. Il n'y avoit plus que 300 foldats tous eftropiez quand Parme en fut maiftre ; & il y avoit encor 5 mille hommes de Garnifon tres-fains & tres-vigoureux lors que cette Ville s'eft renduë au Roy, ne pouvant plus réfifter à fa force avec toute la fienne : Enfin, pour conclurre ce difcours en faveur de l'activité & de la Force de L O U I S, il faut fçavoir une fois que le Siege de Parme dura 4 mois, & celuy du Roy 13 jours, à compter comme on doit de celuy de la trenchée ouverte.

Voila, ce me femble, le plus mémorable Siege & les plus rudes affauts qu'ait fouffert Maëftrick, qui comparez avec le Siege du Roy, le relevent davantage, en augmentent la gloire, & publient la Force, puifque les dangers y ont efté plus fré-

C

quents, la durée moins longue, les pertes plus
confidérables, les rifques plus notables, le deftin
plus cruel, le fort plus dur, les combats plus opi-
niaftrez, la conduite plus embaraffée, les mefures
plus difficiles à prendre, les fatigues plus infup-
portables, & toutes chofes enfin hors de comparaifon : mais cela fied bien à un Monarque comme LOUIS, qui eft fans égal : Il faloit que cette
memorable Victoire fuft comme la FORCE du
Roy, & comme luy-mefme, INCOMPARABLE.

Le Roy neanmoins a eu un advantage que n'a
point eu Parme, qui eft la Force & la valeur de
MONSIEUR qui l'a fecondé, & qui valent in-
comparablement mieux que celles de *Mondragon*,
qui affiegeoit *Vvich*, affiftant ce Duc ; c'eft un
Prince qui a fait devant cette Partie de la ville de
Maëftrick, comme dans la premiere Campagne
de Hollande, des chofes extraordinaires, & qui
a rendu le nom de *Philippes* plus glorieux en France, qu'il ne fut jamais en Macedoine. Dans une
fauffe attaque qu'il fit, on ne vid jamais rien de
plus vigoureux que fon action, ny de plus hardy
que fon entreprife. Il euft pris Vvich, s'il en
euft eu ordre du Roy ; il s'y comporta enfin
avec une valeur Heroïque qui fait bien voir de
quelle Race il fort, & de quel fang il eft animé.

Nonobſtant tous ces advantages que le Roy
avoit du ſecours de ſon Frere, du Deſtin, & de
tant de Braves qu'il avoit dans ſon armée ; &
pour tout dire, de ſa *Force* meſme, qui eſtoit le
grand mobile de tous ces reſſorts ; Il a bien voulu faire une compoſition honorable à Monſieur
Fariau, en conſidération de ſa valeur. Ce Gouverneur de Maëſtrick la luy ayant demandée, a
pleinement rendu Juſtice au Roy, & en a reconnu le mérite & la Force : Il eſtoit ſix heures du
matin quand il l'a demanda, & le Roy venoit
de ſe mettre au lit pour la premiere fois pendant ce Siege : Le mineur eſtoit attaché au corps
de la Place, ce n'étoit plus là l'affaire de LOUIS ;
il n'y avoit plus là à combatre, il prenoit du repos pour aller luy-meſme à la breche aprés l'ou-
verture.

Mais il faloit que ſa Majeſté entraſt de cette
maniere dans Maëſtrick, c'eſt à dire en faiſant
compoſition, aprés avoir montré qu'il le pouvoit par aſſaut : ou pour mieux l'expliquer, il
faloit qu'il y entraſt en quittant ſon aſſaut, & le
diſcontinuant. La place s'eſt renduë le 30 de Juin
1673. Et *Henry Kiliane*, grand Mathematicien, par
ſes Prédictions imprimées à Anvers en 1672. que
j'avois dés cette meſme année là, nous marquoit
avoir leu dans les Aſtres qui devoient dominer

en Juin 1673. la compofition de cette Ville en
ces termes.

Une forte Ville eft attaquée, laquelle bientoft pourra fe
rendre, nonobftant fera de grands efforts
pour s'en empefcher.

Voicy la Prédiction de ce fameux Mathematicien, qui parle comme de prefent, à la mode de
ceux qui voyent les chofes à venir : Ainfi la compofition de Maëftrick eftoit arrêtée dans la difpo-
fition du Ciel : Le Roy pouvoit-il faire mentir le
Ciel qui avoit ordonné qu'il auroit ainfi cette
Place ? Et euft-il voulu aller contre fes ordres ?
Cela ne fe peut pas dire ; & puifque Dieu a voulu
qu'il épargnaft le fang de tous les habitans de
cette Ville, il faloit qu'il fe foûmift à fes Loix.
LOUIS auffi ne prétend pas fe révolter contre
fa bonté ; comme c'eft d'elle qu'il en obtient toute fa *Force* & fes *Victoires*, ce feroit payer d'ingratitude, qui eft un vice qui ne peut tomber
dans l'Ame d'un HEROS INCOMPARABLE comme
il eft, non-feulement, en Force, à tous les grands
Capitaines, mais encor en toute efpéce de Vertus, à tout ce qu'il y a eu jamais de grands Hommes.

Estate   Hyeme

De leurs retranchements fait sortir ces abeilles
Et croy que cest l'effet de flammes sans pareilles

I. Toustain Fe

VALEUR.

DEMANDER ſi la terre eſt ſeiche, ſi l'air
eſt humide, ſi l'eau eſt froide, ſi le feu eſt
chaud, c'eſt s'expoſer à la riſée des hommes, c'eſt
avoir perdu le ſens, c'eſt ignorer ſi l'on vit, c'eſt
enfin une queſtion de mort, ou du moins d'inſenſible. Demander auſſi ſi LOUIS XIV. eſt
vaillant, c'eſt faire une propoſition également
ridicule. Les choſes ſurprenantes qu'il a faites
dans la guerre, nous marquent toutes que ſon
Ame eſt l'élement du courage & de la *Valeur*;
c'eſt-là où l'on void la vertu héroïque toute pure,
ſans fard, & ſans déguiſement : Elle a étably ſon
trône dans ſon cœur, & ſa vie eſt le theatre où
elle étalle toutes ſes pompes, où elle paroit
avec tout ſon éclat, & où elle ſe manifeſte aux
yeux des hommes comme elle eſt en elle meſme;
car les actions de cet INCOMPARABLE Conque-

rant font comme les corps lumineux dont elle
s'eſt revétuë, afin de ſe rendre ſenſible, & de nous
en inſtruire par une expérience immancable.

LOUIS, ſur la bonne foy de ſa Valeur, & à
la caution de ſon *Courage*, a toûjours recherché
ſes ennemis, ſans ſe mettre en peine de leur force & de leur nombre ; Il ne s'en eſt point infor-
mé, il a demandé ſeulement en quel endroit ils
eſtoient. Voila ce qu'a fait le Roy, c'eſt la maniere dont il s'eſt comporté dans toutes ſes Campagnes : Il n'a point craint les précautions que les
hommes qui ſe diſpoſent à combatre, & qui at-
tendent le choc de loin, mettent ordinairement
en pratique, & preſque infailliblement à leur advantage & à leur gloire, il les a recherchez par
tout ; & quand ils ont eſté dans leurs retranchements, il les y a attaquez en perſonne, tous pré-
parez qu'ils eſtoient à leur défence : Il n'a point
apprehendé leurs ſtratagêmes ; rien ne luy a fait
de la peine qu'une ſeule choſe, qui eſt de ne les
point rencontrer, & en les rencontrant, de ne
point trouver aſſez de réſiſtance.

Trois élements avoient eſté témoins de la *Valeur* de ce Heros ; le *Feu* en répondoit par les
foudres qu'il avoit lancez ſur la teſte des Hollandois : l'*Air* en ſçavoit quelque choſe par ces
petits globes de plomb qui l'avoient fendu en

tant de parties pour fe rendre fur les ennemis:
L'*Eau* l'avoit fentie en portant ce Redoutable
Vainqueur; il ne reftoit plus que la *Terre* à en
avoir quelque expérience pour en porter témoignage, afin que toute la nature fut inftruite de la
valeur de cet Incomparable Monarque. Elle
avoit bien receu fur fa fuperficie les victimes qu'il
y avoit facrifiez à fa vangeance, mais elle n'avoit
point veu le Heros dans fon fein, ny éprouvé
les effets de fa Valeur, immolant à fon jufte cou-
roux les corps de ceux qui l'avoient outragé. La
terre enfin a fenty à fon tour, ce Heros, auffi-
bien que fa Valeur, dans les retranchements des
Hollandois, ce qui nous donne lieu de dire qu'elle a ouvert en cet endroit fes entrailles pour le
recevoir: Ainfi par un miracle que le courage de
LOUIS a fait, celle qui ne reçoit ordinairement
les hommes que privez de la vie, & qui les rend
encor en un plus déplorable eftat, a voulu violer
les loix éternelles de fon deftin pour l'amour de
LOUIS, & l'a receu dans fon fein, donnant des
marques de la plus active de toutes les Vies, &
combatant fes ennemis dans les larges & profonds
foffez où ils eftoient retranchez fur les bords du
Rhein, & fur ceux de l'*Yffel*, & enfuite elle l'a rendu
au monde lors qu'il eft forty de ces lieux fouter-
rains, plus éclatant, plus illuftre, & plus glorieux
qu'il n'y avoit entré.   A ij

Le Roy s'eft prodigué luy-mefme dans les périls, comme on voit, peut-on douter aprés cela
de fa Valeur ? Sa Perfonne toute facrée qu'elle eft
a efté expofée dans les dangers non pas éloignez,
mais prochains, non pas douteux, mais évidents.
Je trouve que les Hollandois en doivent eftre
bien glorieux, & que cela les regarde de la mefme
façon que le Roy ; car en les détruifant de la maniere qu'il s'y eft pris, il leur a fait honneur, bien
loin de leur faire injure : Il a acheté leur fang en
prodiguant la plus précieufe vie du monde. Voila
un nouveau genre de vangeance dont la punition eft bien charmante ; l'eftime qu'il a fait par
là de fes ennemis, ne répond guére au châtiment
qui eft deub aux injures qu'ils luy ont faites, on
ne peut pas douter qu'il n'ait rendu le bien pour
le mal ; & quoy que ce procedé fi obligeant & fi
genereux foit celuy d'un Heros, il eft neanmoins
difficile de concevoir comment le Roy a pû faire
fi peu de cas de fon augufte Perfonne, & de fa
vie, dont ces demy-Dieux de l'antiquité, ces Heros de Rome & de Grece font fi jaloux en l'autre
monde, & qu'ils regardent de là avec admiration:
Affeurément il a voulu apprendre quelque chofe d'importance aux Princes ; il a eu deffein de
leur enfeigner que l'honneur eft au deffus d'eux,
& que s'ils ne reconnoiffent point de maiftre

dans le monde, ils doivent cependant reconnoiftre une maîtreffe, & une Souveraine, qui
eft *la gloire*, & que hors d'elle auffi, ils doivent
régner fur toutes chofes, mais autres, que celles
qu'ils ont penfé jufques à prefent, & d'une maniére differente de la régle ordinaire de leurs
volontez, car il leur a montré en fe prodiguant ainfi, pour triompher de tous les périls,
que le fecret du véritable Empire, ne s'étend
point uniquement fur ce qui obeït & ce qui fe
foumet, mais qu'il faut pour eftre entiérement
abfolu, qu'il s'étende fur les chofes qui ne font
point d'elles-mefmes capables d'obeïffance & de
foûmiffion, comme font les armes & les périls qui
ne fçavent ce que c'eft d'entendre la voix d'un
Roy, mais qui cédent & qui fléchiffent fous le
Bras d'un Roy HEROS. Ne pas commander aux
inftruments de la guerre, aux hazards, & à tout
ce qui eft d'une nature infléxible & capable de
révolte, c'eft n'eftre Roy qu'à moitié, & l'eftre
de cette maniére, c'eft ne l'eftre pas, c'eft partager fon empire, & reconnoiftre d'autres Souverains; c'eft n'eftre point ce qu'un Prince doit
eftre, je veux dire un Heros; mais auffi quand on
affronte comme LOUIS les plus grands dangers
en perfonne, & tout ce qu'il y a de plus terrible,
on eft véritablement Roy & HEROS, & on l'eft

avec la qualité d'Incomparable.

C'eſt dans ces veuës que L O U I S n'a pas fait comme le reſte des autres Rois, qui ne riſquent jamais leur vie qu'aprés que leur armée a eſté défaite, & que leurs généraux y ont péry. Il s'eſt trouvé dans l'occaſion auſſi-toſt que les ſiens y ont paru. Il y a des Princes qui ont ſemblé s'expoſer ; mais ils n'ont veu que l'ombre du péril, ils faiſoient marquer leur Camp, afin qu'ils fuſſent en ſeureté, par les égards qu'on avoit pour le ſignal : Mais L O U I S ſans aucun ménagement de ſa Perſonne, s'eſt abandonné à ſon deſtin, ou plûtoſt à ſa Valeur, ſans relaſche, ſans diſtinction de temps, de moyens & d'évidents. Il n'a point fait marquer ſon camp, parce qu'il eſtoit par toute l'armée ; On n'avoit point de peine à diſtinguer le quartier où eſtoit ſa Majeſté ; elle ſe faiſoit allez connoiſtre par ſon action continuelle : enfin le Roy s'eſt expoſé juſques à voir à ſes coſtez le Marquis d'*Arquiem* mourir devant *Rhimberg*, d'un coup de canon.

Dans les premiers ſiecles, on ne trouvoit point de Place forte qui arrétaſt un Conquérant, au moins ſi frequemment qu'il s'en rencontre aujourd'huy, & plus en Hollande qu'en aucun autre pays : Il eſtoit facile d'envahir des Provinces entiéres, le gain d'une bataille en faiſoit l'affaire;

on n'avoit tout au plus à combatre qu'une armée ; on estoit maistre de tout un pays quand
elle estoit défaite ; On ne combatoit que contre
des hommes ; on n'avoit point pour surcroy de
peine des Places imprenables ; on ne combatoit
point avec le plomb, la poudre & le feu mesiez
ensemble ; il y avoit des fléches, mais l'escu paroit les coups ; il y avoit encor d'autres armes,
comme des lances, mais elles ne menaçoient pas
la mort ; elles estoient autant des armes de
jeux que de combats, cela faisoit qu'elles n'ef-
frayoient pas, & la frayeur est à compter dans le
combat ; c'est une espéce d'arme tres funeste ; elle
a souvent gagné des batailles à qui l'a sceu porter
dans le cœur des ennemis.

Mais aujourd'huy il faut essuyer des coups de
mousquet dont on tuë à la fois plusieurs hommes ; il y a des canons qui précipitent la mort,
qui la jurent de loin, qui viennent rendre des vi-
sites incommodes à plus d'une lieuë, & qui par
une outrageante civilité devançent les armées, &
vont chercher avec leurs boulets la haine dans
l'ame des soldats, pour l'en tirer avec la vie. Il y
a des grenades & des bombes qui volent en l'air,
ce sont des astres de tres-méchante influence qui
jettent des éclats qui ne vivifient point ; il faut
bien de la valeur pour s'exposer si frequemment

comme a fait le Roy à tous ces dangers.

Si ce Heros n'a pas esté blessé, ce n'est pas qu'il
s'est plus épargné que tous ceux de son armée,
c'est que la fortune l'a craint, & a respecté celuy
qui la fait ce qu'elle est, & ce qu'elle desire, en faifant de si estonnantes & de si prodigieuses révolutions d'estats par sa Valeur ; Elle a garanty celuy à qui elle a tant d'obligations : D'ailleurs, il
n'y a que l'Univers entier qui puisse estre le prix
de ses blessûres , & le Ciel ne luy en donnoit
qu'une portion par la conqueste de la Hollande.
Aussi LOUIS n'a point apprehendé la mort, il
l'a effrayée en se montrant plus rédoutable qu'-
elle , & en paroissant autant intrépide que nous
l'avons veu : Il nous a appris que celuy qui mé-
prise sa vie aussi héroïquement qu'il a fait, est
non-seulement maistre de celle des autres, mais
encor qu'il est maistre de la mort mesme, qui n'a
pas voulu s'adresser à luy, & par là devenir, & se
montrer son ennemie , de crainte de mourir elle-
mesme, voyant sortir de ses mains tant de morts
sur ses ennemis ; & comme elle n'est qu'un néant
& une privation , elle a apprehendé de donner
trop de gloire au Roy, en luy donnant en ce cas
du pouvoir sur le néant.

Il y a eu un grand nombre de Princes qui se
sont plus ménagez que le Roy, & qui cependant
                                                        ont

ont la réputation d'intrépides, & la qualité de
Heros. Jugeons par là combien le Roy l'emporte
au deſſus d'eux. *Cyrus*, le grand Cyrus, ce faiſeur
de Miracles & de Prodiges, eſt de ce nombre : Il
n'a pû triompher de la crainte de la mort;quand
il fut queſtion de combatre *Creſus*, il fit mettre
Gobrias à l'avantgarde, luy commanda de donner
auſſi-toſt ſur les ennemis, & de les rompre, pendant qu'il combatoit ſeulement par les ordres
qu'il donnoit derriere, & hors du péril. *Gobrias*,
ce grand Seigneur de *Perſe*, qui l'accompagnoit
toûjours, ceſſa bientoſt de luy faire compagnie,
car il fut peu de temps ſans mourir. Cyrus s'épar-
gna ce deſtin. Le procedé de LOUIS eſt bien
autre que le ſien; comme il eſt le Chef de ſon
Royaume & de ſon armée, il en a voulu tenir le
rang; il a toûjours eſté à la teſte de ſes Trouppes
la Pique à la main, pour tirer raiſon luy meſme
des injures qu'il a receuës : Il a paru en cet eſtat
dans tous les combats où il s'eſt trouvé ; mais où
cet excez de Valeur a plus éclaté, ç'a eſté dans le
Paſſage de *Toluis*, où il a paru tellement au deſſus
du Heros, qu'il ſembleroit en eſtre un venu d'un
autre monde, ſi nous ne ſçavions qu'il eſt ſorty
du païs d'où ſont ſortis les premiers Heros de l'U-
nivers.

Les anciens habitans du *Rhein*, pour éprou-

ver leurs enfans, les plongeoient dans ce fleuve
le premier jour qu'ils commençoient à voir la
lumiére. Le deftin a rappelé cette coûtume que
le temps avoit abolie ; car on peut dire que le
Roy par la prife d'*Orfoy*, *Buric*, & *Rimberg*, qui font
fes premieres Conqueftes, a efté tout de nouveau
enfanté à la Gloire, qui eft le jour des Princes, &
que la Valeur qui eft la mere & l'origine de cette
Lumiere, l'a conduit fur les bords du *Rhein*, & l'y a
plongé, pour l'éprouver dans les eaux de *Toluis*,
qui en eft un gué ; mais elle l'a dû faire, c'eft le
païs du Roy, il eft originaire de ces contrées ;
n'eft-il pas un petit fils de *Pharamond*, forty du
païs qu'arroufe l'*Yffel*, qui eft un bras du *Rhein*,
qui a donné fon nom à la loy fondamentale du
Royaume, appelée de luy *Salique* ; & aux François
nommez autresfois *Saliens* ? Le Roy ne devoit-il
pas garder les loix de fon païs, & eftre fujet aux
cérémonies de fa premiere Patrie? Auffi fa Valeur
l'a-t'elle expofé à cette épreuve célébre, & par elle,
il a donné des marques d'un HEROS qui ne fuc-
comberoit jamais fous la peine & fous le travail:
Il a montré qu'il feroit Invincible, & éternellement Victorieux ; qu'il pouvoit pourfuivre, comme il a fait, fes Conqueftes, avec une affeuran-
ce d'une fortune efclave de fes volontez, & d'un
deftin affervy à fes defirs & à fes ordres.

Le Sacre eft l'Onction de la Royauté.
LOUIS XIV. dans l'inftallation, ou fi l'on veut,
dans l'Inveftiture que le Sang luy a donné de celle
de France, à laquelle il l'appelloit, a receu, & a
joüy du bienfait de l'écoulement de cette Onction ; mais il luy en faloit une feconde qui le
diftinguaft, le confirmaft, & le *Sacra* en qualité
de HEROS, par une inauguration propre & con-
venable à la *Valeur.* Cette *Onction* du couronnement de Heros fe fait toûjours du fang des ennemis mêlé & détrempé avec les eaux de quelque
Fleuve, parce que c'eft en ces lieux que fe rencontrant ordinairement les armées, les grands
Capitaines, par la défaite de celles de leurs ennemis, deviennent là des Héros. Il faloit donc à
LOUIS non-feulement la qualité, mais encor
le Sacre & le Couronnement de HEROS. *Toluis*
en a fourny l'Onction par le miniftere de fes
eaux détrempées dans le fang des Hollandois, re-
tranchés fur les bords de ce gué du *Rhein ;* mais
comme le Roy les a combatus avec fon armée,
non pas feulement auprés de ce Fleuve, mais encor eftant dedans, & que tout ce qu'il y a eu de
Heros n'ont point eu tant de Valeur, il eft infiniment au deffus d'eux. Ne difons donc plus que
ce Paffage du Rhein eft une épreuve de la Valeur
du Roy, mais que c'eft la perfection, l'épure-

ment, la confommation, & le couronnement de
fa gloire & de fon courage.

La fcience des *Rabins*, qui font les Docteurs
Hebreux, a toûjours efté regardée comme une
doctrine qui pouvoit eftre la régle du Raifonnement. Servons-nous-en à la loüange de LOUIS;
cette fcience eft fondée fur la vertu des Noms,
tirons de celuy de *Toluis* les Eloges du Roy, & le
mérite du Paffage de ce Gué. Difons que la nature appeloit le Roy à ce fameux exploit, par le
Nom de *Toluis*, car il renferme celuy de LOUIS:
Ce nom a efté donné à ce Gué par un preffentiment du Paffge, & de la Victoire du Roy. Les
Anciens ont voulu dire le Gué de LOUIS, & non
pas de *Toluis*, cette lettre T. qui excede LOUIS,
& qui précede *Olvis*, veut dire, *Toy*. Et s'adreffant
au Roy, luy dit, c'eft le Paffage de Toy Louis.
Difons encor que le T. eft la premiere lettre de
Toutepuiffance, & que ce Paffage devoit eftre
l'effort de la Toutepuiffance de LOUIS ; foit
enfin que le T. veüille dire Toy, ou Toutepuiffance, ce fera toujours la mefme chofe pour la
Valeur du Roy, car luy & fa Toutepuiffance ne
font qu'un. Mais n'auroit-on point encor eu deffein de dire, fans s'arréter à la conftruction Lati-
ne, *Tollevis*, oftez la *Force*, & la *Valeur*. Affeurément il faloit ofter LOUIS, qui eft la Valeur

mefme , pour garantir le Rhein de la fervitude.
Un fameux Politique a fait des Réflexions fur les
deux Syllabes qui compofent le nom de *Henry*,
pour en tirer des Eloges en faveur du Grandpere
du Roy. On ne doit pas auffi trouver eftrange
que j'en ufe de mefme au regard de celuy de Tolvis , en faveur de L O U I S ; Comme il n'y a
point de Paffage dans l'Hiftoire égal à celuy-là,
on ne peut trop dire fur fon mérite. Voyons
pourtant les plus mémorables de l'Hiftoire , &
confondons encor par là Cefar , Alexandre , &
leurs Partifans.

Aprés la défaite des Tinêteriens , *Cefar* pour-
fuivant fa victoire , paffa le Rhein , il nous l'apprend dans fes Commentaires ; mais fon motif
n'eft pas fi loüable que celuy du Roy , & le rend
un Heros inférieur à LOUIS XIV. car il a efcrit
que c'étoit feulement pour étonner l'Allemagne,
& l'empefcher d'envoyer fi fouvent des armées
dans les Gaulles. Sa Majefté au contraire l'a paffé
pour y combatre fes ennemis , en les y attirant.
Cefar fit un pont pour paffer ce Fleuve ; LOUIS
l'a paffé à la nage , qui eft quelque chofe de plus
hardy , à caufe de fon extraordinaire rapidité.
Cefar , aprés l'avoir paffé , n'ofa pourfuivre les Si-
cambres , à qui il en vouloit , dans leurs retranchements & dans leurs Forefts ; LOUIS a cherché

ſes ennemis dans les leur, & les y a vaincus. Ceſar eſcrit qu'il en avoit aſſez fait pour l'honneur de l'Empire ; LOUIS n'a pas crû qu'en s'arrêtant ſur l'autre bord du Rhein, il euſt aſſez fait pour la gloire de la France ; il a toûjours fait de nouveaux Exploits, de nouvelles courſes, de nouveaux projets, de nouvelles & de frequentes entrepriſes. Ceſar fit revenir ſon armée ſur la fin de l'Eſté ; celle de LOUIS a affronté les rigueurs de l'Hyver. Ceſar eſtant retourné dans les Gaulles, fit rompre le Pont qu'il avoit fait conſtruire, de crainte que ſes ennemis ne s'en ſerviſſent pour revenir à la charge ſur luy ; mais le Roy n'a point fait garder le gué de Toluis, il ne l'a point rendu plus mauvais & plus difficile, il n'en a point fait perdre la connoiſſance, il a laiſſé la liberté à ſes ennemis d'y paſſer, & à tous leurs Partiſans, l'Empereur, & ſes Alliez, ne les redoutant en aucune maniére. Si Ceſar a reconnu, à ſa honte, que l'Empire Romain finiſſoit aü Rhein ; LOUIS prétend montrer, à ſa gloire, que le Royaume de France ne finit point à ce Fleuve.

Alexandre pourſuivant les Lieutenans de *Darius*, paſſa le *Tygre*, mais il n'eſtoit pas ſi dangereux que *Toluis* ; les chevaux dans celuy-là n'avoient de l'eau que juſques au ventre, & dans celuy-cy il y avoit pluſieurs piques d'eau de pro-

fondeur. Le Rhein n'eſtoit gayable à l'endroit
de Toluis, que parce qu'il y a en ce lieu moins de
précipices. Alexandre ne l'euſt pas paſſé comme
a fait LOUIS ; & pour preuve de cela , c'eſt que
quand il fut queſtion de traverſer l'*Eufrate*, par où
il reſſemble à *Toluis*, il y fit bâtir un Pont. Le Paſſage du *Granique* eſt encor fameux dans ſon Hiſtoire , il ne laiſſe pas pourtant d'eſtre moins glorieux que le Paſſage du Roy ; l'armée de *Mazeus*,
qu'il pourſuivoit, pouvoit le défaire , dit ſon Pa-
negyriſte , s'il ſe fut trouvé quelqu'un qui euſt eu
aſſez de courage pour vaincre. Ce n'eſt donc
qu'à la lâcheté de ces peuples à qui il eſt redevable de ſa victoire. En effet , il n'y avoit point
d'armée ſur l'autre bord de ce Fleuve pour s'oppoſer à ſa ſortie , & l'interrompre dans ſon paſſage.

Voila ces deux braves Capitaines , qui juſques
au temps de LOUIS XIV. ont eſté réputez pour
les grands Originaux de la Valeur , & qui pourtant n'ont point bravé d'une maniére ſi noble , ſi
genereuſe , ſi héroïque , & avec tant de ſuccez ,
que LOUIS , la profondeur des Eaux , la rapidité d'un Fleuve , & leurs ennemis tout enſemble.
Je ne puis ſouffrir aprés cela que l'on faſſe du Roy
leur Image , & j'ay raiſon de ne vouloir pas qu'on
diſe que le Roy eſt vaillant comme un Ceſar , &

genereux comme un Alexandre, c'eſt luy faire
une inſulte, c'eſt ſe rire de luy ; il ne faut pas avoir
le gouſt fin en matiére de véritable gloire, pour
en juger ſi mal. Je conſens qu'on leur donne ce
qui leur apartient, & qu'on ne leur dérobe point
leur réputation ; mais je veux qu'on rende juſtice
au Roy, & que ſa Valeur eſtant d'un ordre ſupé-
rieur à celle de ces deux Conquerans, on ne la
rende pas mal à propos ſubalterne de la leur.

L'Ame, le Cœur, & le Bras de LOUIS, ont
fait les miracles dont nous avons parlé juſques
icy, mais ſa Fortune en a produit de ſemblables :
Il manqueroit quelque choſe à la gloire de nôtre
HEROS, & il ne ſeroit pas INCOMPARABLE, ſi ſa
Fortune n'eſtoit pas Toutepuiſſante. Le Roy a
eſté terrible par là comme par ſa Perſonne, car
ſa Fortune & ſa Valeur ſont compagnes inſépara-
bles, elles ſont toutes deux filles d'un meſme
pere, qui eſt ſon Courage : Nous en avons deux
exemples qui méritent bien quelque rang dans
le Panégyrique du Roy.

Le Prince d'*Orange*, élevé par une trouppe de
Païſans à Delph, à la dignité de *Stataulder*, ou
Gouverneur, enflé de l'orgueil de ce rang, & de
cette qualité, à laquelle il ne s'attendoit pas, ral-
lia les Hollandois diſperſez & errants, aprés tant
de Victoires ſur eux remportées par LOUIS ; il
leur

leur inspira une entreprise sur *Vvoërden*, ce dessein est la plus mémorable chose qu'ils ayent conçeuë, & qu'ils ayent faite, car la prise de *Naërden*, n'est à rien compter pour les Hollandois, c'est l'ouvrage de l'artifice & des ménagements d'Antoine d'*Agourto*, & de plus de 14000 Espagnols, desquels le Roy ne soupçonnoit rien de mal, n'ayant pour lors point de guerre avec eux, & vivans en bons amis. La Ville a esté aussi-tost prise par les facilitez de *Du Pas* Gouverneur, que son attaque a esté sçeuë par le Roy, qui dans le mesme temps avoit une armée en Franconie, une dans l'Electorat de Tréves, une à l'extrémité de ses Conquestes d'Hollande, une en Flandre, une à Nancy, une en Alsace, & qui par suite ne manquoit pas de trouppes pour défaire les Espagnols; mais qui estoient trop éloignez pour les envoyer en un instant secourir Naërden. Retournons à Vvoërden, & avoüons que les Hollandois ont un peu relevé leur honneur par cette entreprise. En effet, c'est quelque chose d'avoir osé prendre des pensées de liberté, d'affranchissement, & de victoire, aprés une consternation épouventable où ils avoient esté réduits : C a esté avec tout cela un feu de paille, qui a luit, & qui n'a pas brûlé ; ou du moins, tout le mal a esté de leur costé. La marche du Roy vers cette

C

Ville anima les soldats, instruisit les Capitaines, & ce Heros envoya devant sa Fortune avec eux, qui défit ses ennemis, & les mit en déroute.

Ce n'estoit point encor assez pour la Gloire du Roy, & il manquoit quelque chose à sa Fortune, puisque ses ennemis qui se connoissent si bien en défaites, y voulurent adjoûter le reste de leur courage, & de la vie déplorable qu'ils menoiér, en faisant une autre entreprise sur *Charleroy* : Mais LOUIS estant party de Paris exprés pour venir secourir cette Place, ses approches les firent trembler & quitter leur dessein. Le Prince d'*Orange*, & *Marcin*, levérent aussitost le Siege, sans avoir eu d'autre ennemy à combatre que la Fortune de LOUIS. Voila ce qu'a fait le Roy, & sa Fortune.

Mais le Prince d'Orange, par sa conduite, ne montre-t'il point plus de feu que de valeur, & plus d'emportement que de courage? Ne le blâmons pourtant point, c'est un jeune Capitaine, il venoit peut-estre apprendre son métier en France, où il y a un si sçavant Maistre : Il faut que ç'ait esté là sa pensée : Pardonnons luy encor s'il a eu un autre dessein que celuy que nous disons : Il a veu des Villes Hollandoises fortes en hommes, en armes, en situation, estre emportées d'emblée par LOUIS ; comme il n'avoit encor

rien veu que cela, il s'eſtoit imaginé qu'il en al-
loit de meſme par tout ; mais cette mode n'eſt
point encor venuë en France , quoy que ce
ſoit le païs & l'empire des modes. Marcin tout
vieux Capitaine qu'il eſtoit, a eu autant de tort
que luy en l'accompagnant dans cette entrepriſe.
Ne devoit-il point ſe ſouvenir de ſa défaite en
Flandre par le Roy ? Il devoit profiter de ſon malheur, & eſtre ſage à ſes dépens ; mais peut-eſtre
n'avoit-il deſſein ſeulement que de faire ſçavoir
qu'il n'y avoit point eſté tué. Le Prince d'Orange venoit avec luy en rendre témoignage ; il venoit ſe preſenter pour eſtre caution de ſa perſonne, & jurer que c'étoit luy-meſme ; car ſa retraite
en ſon Chaſteau de *Modave* dans le Liege, montrent bien qu'il n'avoit point d'autres prétentions, ſi ce n'eſtoient celles de relever avec le
Prince d'Orange , comme ils ont fait, la Gloire,
la Fortune , & la Valeur du Roy, par leur fuite,
& par leur retraite.

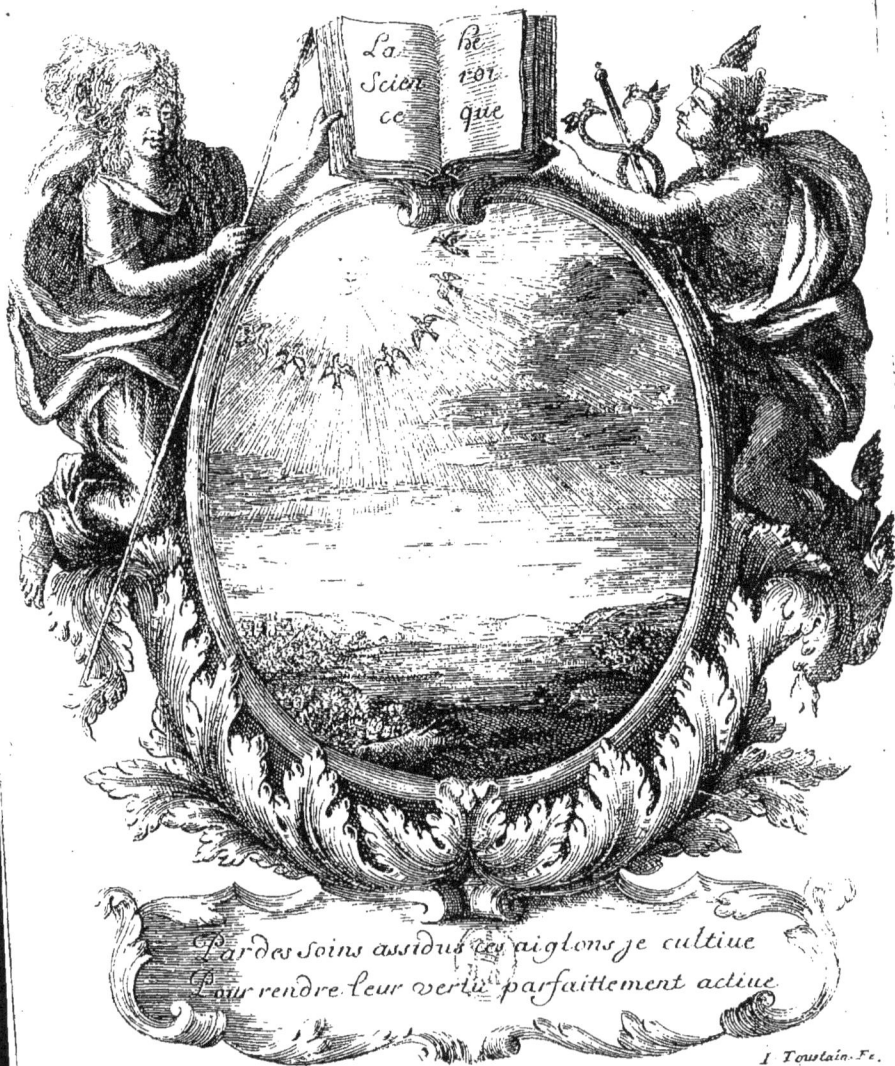

La Science

Par des soins assidus ces aiglons je cultiue
Pour rendre leur vertu parfaittement actiue

I. Toustain. Fe.

HARANGUES.

C'Est un ancien uſage dans la guerre, & une pratique auſſi vieille que le monde, d'exciter les ſoldats au combat, avant que de le commencer. Le premier coup a toûjours eſté précédé de quelque aiguillon, & de quelque amorce propre à réveiller la vertu, & élever le courage. La maniére a eſté differente, les uns ſe ſont ſervis de cris épouvantables comme les Ambrons; les autres de Trompettes comme les Romains, ou de tambours comme les Perſes.

LOUIS n'a point mis en uſage ces foibles moyens pour animer ſes Trouppes, s'il s'eſt ſervy de ces inſtruments, ce n'a eſté que pour ſignal; il en a de plus naturels & de plus avantageux; Sa langue en eſt un plus propre, & ſa bouche un organe bien mieux diſpoſé que toutes ces choſes, pour verſer le courage dans l'ame des ſoldats, &

A

pour leur infpirer de nobles mouvements. Il a
feulement harangué fon armée ; les difcours preffants qu'il a tenu à fes foldats pour les obliger à
bien accomplir leur devoir, ont efté les uniques
moyens qu'il a employé.

HARANGUE
DU ROY

A fes Generaux, Lieutenans, Capitaines & Officiers, avant la Conquefte de la Hollande.

JE n'ignore point *voftre vertu ny voftre valeur, c'eft
par la connoiffance que j'ay de l'une & de l'autre que
j'ay fait choix de vous pour les premieres teftes de mes Armées. Montrez par la réduction que j'entreprens des Hollandois, ces infolents & ces factieux, que je ne me fuis pas
trompé : L'honneur de mon difcernement eft entre vos
mains ; faites juftice à mon efprit par voftre bras ; profitez
bien de cette puiffance que vous donne voftre Roy fur fa
réputation. Cette Puiffance vous rend aujourd'huy plus
grands & plus fouverains que moy, car je n'ay aucun pouvoir que fur voftre vie, & vous en avez fur mon honneur. La vie n'eft rien, il la faut perdre une fois, & il
n'importe comment on la perd ; mais l'honneur eft quelque*

chose, on ne le doit jamais perdre, & il importe mesme de quelle maniere on le perd. La réputation des particuliers est souvent un bien de fortune, ils en sont redevables au hazard & au caprice des autres ; mais celle des Rois est toûjours un effet de leur merite, & de la justice des Peuples, qui ne pardonnent pas mesme aux Testes Couronnées. Joüissez donc, par la défaite de mes ennemis, de mon bien le plus précieux, en vous rendant les maistres de mon sort ; le vostre sera aussi illustre, car en triomphant de mes ennemis pour ma gloire, vous triompherez de moy en m'en faisant vostre redevable, n'est-ce pas une belle conqueste à faire que celle de la reconnoissance de son Prince, & de la Victoire de ses ennemis ? L'entreprise est grande, mais qu'elle ne nous effraye point, je veux moy-mesme contribuer à vos victoires ; j'y seray pour la meilleure part, je vous accompagneray toûjours dans les dangers ; comme je suis vostre Chef, & que vous estes mes bras par ma presence, par mon exemple, par mon ardeur, je vous communiqueray des forces dans les combats. Vous sçavez que c'est la justice qui me fait prendre les armes, pour vanger mon honneur outragé ; une cause si belle, un motif si raisonnable, doivent seuls vous animer au châtiment que je desire tirer par vos mains. Je me jugerois indigne d'estre vostre Roy, si je voulois demeurer toûjours noircy des calomnies & des injures atroces que j'ay receuës des Hollandois : un Roy doit naturellement la vangeance des injures qu'on fait à ses subjets ; mais les subjets doivent reciproquement à leur

Prince celle dès injures qu'il a souffertes ; soûtenez donc fortement ma querelle, *& justifiez* mes armes par voſtre courage.

Juſques à preſent , tous les Conquerants ont tenu des diſcours tres courts à leurs armées , en les invitant à combatre genereuſement, de crainte de les informer trop exaĉtement de leurs motifs , qui n'étoient pas toûjours trés légitimes , *&* de peur encor de les inſtruire trop particulierement de la force de leurs ennemis ; mais comme c'eſt l'équité qui m'a conduit icy, je veux vous raiſonner ma Harangue autant que je le croiray néceſſaire ; *&* comme je ſuis ſeur de voſtre valeur, je n'apprehende point de vous montrer de quel caraĉtere *&* quelle force ſont vos ennemis.

Vous en avez à combatre, qu'un bonheur continuel accompagne depuis long-temps. Les viĉtoires ſont comptées chez eux au nombre des biens dont la fortune s'eſt renduë leur tributaire ; mais ils n'ont ces viĉtoires qu'en depos, c'eſt pour nous qu'elles ſont deſtinées , cueillez-les toutes dans leur défaite en les vainquant, afin qu'on puiſſe dire que vous avez vaincu en leurs perſonnes, *&* que c'eſtoit voſtre genereux deſtin qui les guidoit quand ils ont triomphé tant de fois des autres nations. Ces ſuccez heureux qu'ils ont eu les ont rendus redoutables : Ils ont réſiſté pendant preſque un ſiecle à une Puiſſance qui a bien oſé vouloir faire une Monarchie de toute l'Europe : Ils l'ont vaincuë, *&* l'ont obligée de les laiſſer joüir de leur liberté ; ils l'ont contrainte de les reconnoiſtre pour Souverains. Voila de grands avantages de leur côté ; mais voftre invincible courage ; & cette illuftre fureur dont je voy voftre ame faifie , balance déja le party, & l'emportera affeurément deffus eux dans le combat. Il faut à voftre valeur des fujets dignes de vous, leur grandeur fera le mérite de voftre victoire ; s'ils ne valoient pas la peine d'eftre vaincus, je les aurois méprifez, & de leur réduction je n'en ferois pas mon employ, (&) le voftre. C'eft le fait des lâches de combatre des foibles ; c'eft le propre des braves de combatre ceux qui font forts ; (&) c'eft l'affaire des Heros de combatre les terribles & les redoutables : Soyez donc de ce nombre des demy-Dieux ; placez-vous dans ce rang, & élevez-vous un trône fur un amas d'ennemis terracez.

Les Romains ne font pas venus vaincre les Gaullois en entrant dans leur païs, ils les venoient forcer d'accepter l'Empire de l'Univers ; & pour cela ils les éprouvoient par des guerres pour les en rendre dignes ; ils les choififfoient pour eftre les héritiers de cette héroïque fucceffion ; tous les combats qu'ils ont rendus dans les Gaulles ont efté autant de teftamens qu'ils écrivoient en lettre de fang, par lefquels ils leur léguoient cette hérédité glorieufe ; elle vous eft deuë, puis que vous eftes defcendus de ces Peuples ; je vas donc vous en donner l'inveftiture, (&) commencer par l'entreprife fameufe de cette guerre d'Hollande, à vous en mettre en poffeffion ; il eft temps que vous jouiffiez de ce précieux bien, allons donc tous recueillir cette fucceffion vacante, depuis feize fiecles, & rendons-là encor plus confidérable

par des défaites plus signalées, plus nombreuses, & plus
surprenantes que toutes celles des Romains.

Ce fut par l'effet de la Harangue du Roy qu'un
grand nombre de Braves achevez ne craignirent
point de s'exposer mille fois à la mort ; le Comte
Du Plessis trouva la sienne devant *Arnhem*, donnant par son sort glorieux aux Heros, des leçons
de valeur aussi belles que Mr. le Mareschal son
Pere en a donné de sagesse & de Politique au
premier sang du monde, comme aussi de courage aux plus grands Capitaines, dans plusieurs
combats où il s'est trouvé, & dont il est sorty victorieux. Le Marquis de la *Ferté* demeura pendant une nuit dans la tranchée devant *Nimegue*,
quoy qu'il eust une fiévre qui le devoroit ; mais
le feu d'une héroïque ardeur, naturelle au sang
des *Senectaires*, & celuy que luy avoit inspiré le
Roy, furent maistres de cette chaleur & de cette
mortelle intempérie, ils l'effacérent, à l'exemple
du Soleil qui efface toutes les autres lumiéres. Le
Comte de *Guiche* en Hollande & en Allemagne,
a porté la terreur ; il y avoit du plaisir à le voir
essuyer une gresle de mousquetades, les foudres
que faisoient pleuvoir les ennemis sur sa personne
luy estoient des armes qu'ils luy envoyoient pour
les combatre, en sorte qu'en ces deux païs il a fait

voir qu'il eſtoit auſſi grand par le cœur, que par
le nom, & qu'il avoit l'ame auſſi élevée que le plus
Grand mont de France.

HARANGUE
DU ROY
A SES SOLDATS.

COmpagnons de mes trauaux, Soldats, il faut vaincre dans cette guerre, ou mourir, voila les deux
partis qu'il y a ſeulement à prendre, & puis que je les ay
pris, il vous faut faire de meſme. Ma condition & la vô-
tre en cela ſont égales ; Je mépriſe les auantages de la Royauté pour auoir le meſme ſort que vous ; il vous doit faire
enuie comme à moy, puis que c'eſt le ſort des Heros, &
quand il vous faudroit mourir, vous ſeriez encor trop heureux. Vous combatrez pour voſtre Prince outragé, pour
la Patrie offenſée, pour la Foy mépriſée, qu'auriez-vous à
craindre ? Ces choſes méritent bien que vous vous expoſiez,
mais n'apprehendez rien de funeſte, je vous aſſeure de la
part de voſtre valeur, & du courage, & de la fortune de
voſtre Prince, toûjours aidée juſques à preſent de la bonté
& de la protection du Ciel, que vous triompherez de vos
ennemis ; leurs forces ny leurs ſtratagémes ne préuaudront

point contre ᴠous, je le connois à ᴠos geſtes animez qui
ne reſpirent que l'attaque, à ᴠoſtre mine fiére qui combat
déja par ſa ſeuerité, à ᴠos yeux qui tuent par auance
auec ᴠos regards pleins de feu, à ᴠos mains, dans leſ-
quelles je ᴠois une démengeaiſon de frapper; je ᴠois enfin
ᴠoſtre ame qui enuoye ſur ᴠoſtre viſage la terreur & l'ef-
froy pour les faire paſſer de cet endroit dans le cœur des en-
nemis, & les ᴠaincre autant par là que par ᴠoſtre bras.
Répondez-donc par les loüables mouuements, à ce que je
me promets de ᴠous, & je répondray à ᴠos beſoins; eſperez
tout d'un Monarque qui ſçait mieux qu'aucun autre rendre
juſtice à la ᴠertu, attendez tout de LOUIS, *qui n'a*
autre paſſion que de payer auec uſure tout ce que l'on fait
pour luy; Soyez donc prodigues de ᴠoſtre courage, & je
le ſeray de mes graces; faites connoiſtre ᴠoſtre nom, & ap-
prenez-le à tout l'Uniuers, courez à la Viĉtoire.

La parole du Roy fut ſi efficace, & les troupes
Françoiſes firent un ſi grand nombre de belles
actions, qu'elles ont mérité des loüanges de leurs
ennemis, qui ont dit & fait eſcrire d'eux, que les
ſoldats de France avoient marqué qu'ils eſtoient
en poſſeſſion de la bravoüre, au préjudice de rou-
tes les autres nations. D'autres que moy auront
le ſoin de publier les noms des plus ſignalez; je
me contenteray icy de dire qu'il n'y euſt jamais
Harangues qui ayent eu tant d'effet que celle du
Roy.

Roy. *Ludovic Sforce* se joüoit se disoit-il du monde ; il se vantoit continuellement qu'il le feroit
mouvoir à son gré ; ses Armes & ses Devises n'é-
toient remplies que de ces marques de faste &
d'ambition, fondées uniquement sur son Art de
bien dire ; il luy a quelquesfois réüssi, cependant
il eut le malheur qu'il ne put persuader assez vivement les Suisses pour combatre pour luy, pour
ne le point abandonner, & pour l'empescher d'ê-
tre pris & confiné dans la Tour de Loches.

Cesar & *Alexandre* ont esté trés-éloquents, Cesar
estoit Cesar par la langue & par l'épée, & Alexandre a triomphé des volontez & des personnes,
de l'ame & du corps, par les Harangues & par la
Lance : Cependant leurs soldats leur ont souvent
manqué au besoin, & ils ont souffert des pertes
par un relaschement de leur courage : La vie de
l'un & de l'autre est remplie de ces contretemps,
il n'est pas besoin de les marquer. La mesme
chose n'est point arrivée au Roy, il est sorty de
sa Langue, de ses Discours, de ses Harangues,
certains esprits vivifians dont l'activité dure encor, il en est sorty des forces qui ont passé dans
les soldats, qui les ont animez jusques à faire des
miracles continuels : C'est par l'effet de cette éloquence que le Roy a fait en peu de jours tant de
Conquestes, exterminé tant de partis, & gagné

B

tant de Villes, dont le nombre surprend ; *Nuits,*
Keiservaerd, Veiset, Tongres, Maseick, Sittart, Fouque-
mont, Orsoy, Rhimberg, Burick, Vvesel, Reez & Lockem,
en font des preuves convainquantes ; *Emmeric,*
Borkelo, Grool, Doetcum, Vvlts, Breuvort, Hasself,
Ommen, Kampen, Zuvol, Deventer, Zuphem, Dueftede,
& Vvich, en ont resfenty les contrecoups ; d'*Oëf-*
bourg, Hardervic, Hattem, Amerfort, Vvoerdem, Alft,
Veel, Arnhem, Helluy, Sevenaer, Voorcum, & Vangen-
cin-ghem, ne permettent pas d'en douter par leur
réduction ; *Rhenen, Elbourg, Ayen, Vvinffem, Naer-*
dem, Muiden, Vuesep, Graef, Nimegue, Genep, Graue,
Creuecœur, Bommel, Utreck, & *Maeftrick,* en sçavent
quelque chose ; elles publient la force de cette
Eloquence par leurs ruïnes ; *l'Ifle de Betauu* en est
un argument celebre;& les *Forts de la Lyppe, de Reez,*
de Kampen, de Skeims, de Knotszembourg, de Vuornes,
& de *S. André,* soûmis à la puisfance de ce Heros,
ont encor des bréches à leurs murailles, qui font
autant de bouches ouvertes qui annoncent sa
gloire, & autant d'échos qui contre leur nature
se rendent visibles pour répondre par des effets à
la voix de son Eloquence, en s'expliquant aux
yeux des hommes, & quittant la route ordinaire
de l'organe auquel ils ont coûtume de se rendre
fensibles.

Mais il y avoit avant ces Conqueftes un grand

coup de maiſtre à faire qui avoit beſoin de la Valeur & de l'éloquence du Roy.   Le Rhein Bor-
noit ſes Conqueſtes, & ſes ennemis eſtoient au-
delà de ce fleuve qui s'en ſervoient comme de
barriere pour arréter ce HEROS : Un ſi grand
trajet d'eau, un fleuve ſi rapide, des ennemis de
l'autre côté ſi bien retranchez, eſtoient capables
de donner de la terreur aux Soldats, & meſme
à des Heros faits ; il faloit un diſcours auſſi ardant & auſſi preſſant que celuy d'une Harangue
du Roy pour les eſchauffer, pour entretenir leur
ardeur, pour les affermir, les pouſſer, & les porter,
pour ainſi dire, ſur l'autre bord du Rhein. C'eſt
ce que le Roy a fait en parlant à ſon armée à peu
prés de cette maniere.

HARANGUE
DU ROY
AU PASSAGE DU RHEIN.

HERCULES *eſtant parvenu au détroit de Gi-*
braltar, ne voyant plus que de l'eau, n'oſa paſſer
outre. Il planta ſur le bord du rivage deux Colomnes, com-
me le terme de la plus grande courſe qui ait jamais eſté, (t)

des plus grands travaux du monde ; mais soyez tous aujourd'huy plus que des Hercules, franchissez le Rhein ;
s'il est un fleuve pour tous les autres nations, il ne doit
estre qu'un fossé pour les François : Il le faut du moins
passer à la nage, les armes à la main : Cependant, que quelqu'un de vous n'oublie pas de planter deux piques pour
Colomnes sur le bord, car il faut aller si loin au-delà, que
vous ayez besoin de marquer à la posterité le lieu d'où
vous estes partis ; il y a encor une autre Batavie, ou Hollande, sous le nom de Betua, en Allemagne ; il y en a aussi
une dans la Gueldre sous le nom de Betuve, il faut les aller
combatre & les vaincre ; car il faut faire la guerre jusques
au Nom de Batavie ; quelque part où il se rencontre, il fait
ombre à ma gloire, elle en souffre, il faut la vanger. Les
Hollandois pour vous en empescher se sont retranchez sur
le bord du Rhein ; mais avant que d'aller à ces Conquestes,
voicy une Isle à veuë appelée Betauu, de son Nom ; dans
laquelle ces peuples ont ramassé toutes leurs forces, pour
sauver la perte de leurs païs, & la réputation de son ancien
nom ; courez à cette victoire, ce long discours fatigue vos
impatiences, je le vois, mais Zouthand qui commande
leurs troupes dans cet Isle, n'estoit pas assez fort pour vous,
j'ay voulu attendre que le Comte d'Arsol & la Leck fus-
sent venus augmenter leur nombre, leur résistance, & par
suite ma gloire & la vostre. Leur retardement m'a donné
le temps de vous faire des instructions qui ne seront pas
inutiles, puis que j'ay lieu d'esperer que vous y combatrez

par tous les lieux que je vous ay marquez, le nom (t) la
puissance de mon ennemie : Mais j'entens un bruit confus,
& je vois une poudre s'élever qui montre qu'ils sont pro-
ches d'icy ; courage Soldats, passons promptement le Rhein,
ce Passage est un Passage à la gloire , ne voyez-vous pas
qu'elle vous attend de l'autre côté ; ce que vous apperce-
vez d'ennemis sont de sa garde , allons sans davantage tar-
der , chastier ces rebelles , suivez-moy , (t) vous serez
victorieux.

La parole du Roy fut toute puissante, elle fit
les miracles que nous avons entendus publier ;
les Lieutenans, les Capitaines, les Soldats se jetterent indifferemment dans le Rhein , par le gué
de Toluis, encor qu'il soit tres rapide , & quoy
qu'ils vissent des nuées de plomb tomber sur leurs
testes, tout cela ne les effraya point, ils en avan-
çoient plus hardiment ; enfin ils en vindrent aux
prises, les ennemis n'ayans pas pû les empescher
de passer ; & tous fatiguez & pleins de boüe qu'ils
estoient, ils ne laisserent pas de les vaincre.

L'esprit de Dieu estoit porté sur ces eaux avant
le commencement & la formation du Monde ;
l'Esprit du Roy de mesme avant ces fameuses
Conquestes qu'il a faites aprés le Passage du
Rhein, s'est porté sur les eaux de ce Fleuve, il a
paru dans luy-mesme & dans l'activité des soldats ;

c'eſtoit cet Eſprit éloquent & preſſant qui les
avoit animez dans ce Paſſage, qui les conduiſoit,
qui les ſoûtenoit, & qui les portoit ſur les eaux
de Toluis ; il travailloit là, à la formation de ſon
triomphe, & à l'ouvrage de ſa valeur, dont les
traits genereux de ſa Harangue n'eſtoient qu'un
rayon.

Monſieur le Prince de Condé s'eſt ſignalé pendant toute ſa vie par un grand nombre de batailles gagnées, de Places emportées, de partis défaits, & de Sieges heureuſement achevez : Cependant il ſemble que la *Gloire* n'avoit point encor
mis ſon Nom dans le livre de l'*Immortalité*, quoy
que tous ſes exploits fuſſent d'un prix extraordinaire ; le ſang de ceux qu'il a défaits eſtoit trop
impur pour s'en ſervir, il en faloit un auſſi précieux que le ſien, afin d'écrire un nom auſſi celebre & auſſi fameux que celuy de ce Prince ; pour
cela elle luy en fit verſer en ce Paſſage du Rhein ;
elle receut en cet endroit ce qu'elle attendoit il y
avoit long-temps avec la derniere impatience,
pour rendre la juſtice entiére qu'elle devoit à ce
Heros qui a paru dans cette occaſion plus vaillant qu'à *Rocroy*, plus fort qu'à *Valenciennes*, & plus
grand qu'à *Nortlindz*.

Mais comme ſi la Gloire avoit trop de choſes
à écrire, il ſemble que Mr. le Prince n'ayant don-

né qu'une portion de son sang, ne l'ayant point
versé là tout à fait, elle ait eu besoin de celuy de
son neveu Mr. de *Longueville*, dont la mort sera
toûjours regrettée de quelque utilité qu'elle ait
esté à l'Estat, & à la réputation de son Oncle, car
c'estoit un Prince le plus brave, le mieux fait, &
le plus accomply qui ait esté dans sa Maison, encor qu'il y en ait eu un grand nombre qui ne
manquoient d'aucunes perfections ny d'aucunes
belles qualitez ; mais ne pourroit-on point dire
aussi, que le sort envieux de la gloire de Mr. le
Prince, & du bonheur qu'il a trouvé dans son
malheur, a voulu traverser sa joye par la mort de
son Neveu : Ne pourroit-on point encor douter
que le destin de tant de braves qui se devoient
signaler & s'ériger en Heros dans la suite de la
Campagne, a tué luy seul ce Prince, dont la
valeur devoit effacer celles des autres Capitaines ;
tout cela se peut ; ainsi il estoit impossible qu'il
vescut, ayant tant d'ennemis secrets à combatre, sans ceux qui estoient découverts, & décla-
rez.

Comme le sang le plus précieux sembloit ne
rien coûter à verser dans ce Passage, il semble
aussi qu'il n'ait rien coûté à prodiguer. Mr. de
Soubise en est un exemple fameux ; car du premier
rang du péril, il en a fait son rang de Lieutenant

des *Genſdarmes* ; & quelque choſe qu'il ait faiṭ
pour perdre un des premiers hommes de la Cour
en valeur, & en mine héroïque ; ſa fortune l'a
toûjours conſervé pour eſtre ſous le Roy le Chef
de ſa Compagnie, comme il eſt preſentement,
ne pouvant ſouffrir que ce grand Capitaine ſor-
tiſt de ce monde ſans une qualité qu'il avoit tant
de fois méritée, & dont il s'eſt rendu ſi digne à
Toluis ; Il faut croire qu'elle le conſervera encor
dans d'autres périls, puis qu'il mérite encor davantage.

Ce fut en ce Paſſage que le Comte de *Nogent*
voulut aller ſous les eaux chercher les ennemis,
& voir s'il n'y avoit point des Hollandois ca-
chez, pendant que l'armée paſſoit pour les attaquer dans leurs retranchements ſur le bord du
Rhein, mais il fut ſi loin ſous ces eaux, & il y
courut ſi précipitamment, qu'il en perdit halei-
ne, & y mourut.

HARANGUE

HARANGUE
DU ROY

A son Armée devant Maëstrick.

Vous cherchez de la gloire, je vous ay conduis icy pour en cueillir autant que vous en desirerez, Maëstrick en renferme une, grande, heroïque, immortelle; il faut promptement l'aller prendre jusques dans le sein de cette Ville : Si on n'y peut passer que par beaucoup d'instruments de feu, c'est que la gloire estant éclatante, il faut que sa route brille; ce sont des flambeaux qui sont allumez sur le chemin qui y conduit pour en rendre les avenuës plus augustes; Ce sont des astres qui en relevent la majesté; Cette place est digne d'estre l'objet de vostre martiale ardeur, satisfaites-là, vous n'avez rien trouvé qui ait pû vous résister jusques à present, voicy dequoy vous exercer; On dit que cette Ville est imprenable, allez vous jetter dedans, pour par aprés faire dire vray à ceux qui le publient; il n'y aura pas une seule belle action perdüe, ou cachée pendant ce Siege; il y a dans la Ville une nombreuse garnison, & beaucoup d'Habitans qui en seront les témoins; ils viendront sur les murailles pour estre les spectateurs de vostre Valeur, qu'ils en soient en mesme temps les

C

victimes, auffi-bien dois-je au bonheur du deftin de mes armes, un facrifice en action de graces ; la prife de cette Ville en doit eftre la fefte ; immolons-là à noftre reconnoiffance ; imaginez-vous que les trouppes auxiliaires qui font dedans, y font comme dans une prifon ; allez par grace à force ouverte les tirer de là, & elles iront dans leurs païs publier voftre generofité ; Ces Ouvrages à cornes fi élevez devant leurs portes, ces boulevards, ces paliffades, font des degrez pour vous y faire monter, ouvrez la trenchée, faites-vous un chemin, & vous vous ouvrirez en mefme temps celuy de l'immortalité.

C'eft par l'effet de cette Eloquence que *Montal* a donné autant de trépas certains, qu'il a donné de coups, & que d'*Artagnan* fe livrans à la mort, fit une action de valeur qui donna un grand branfle à la réduction de la Place, & qui le fit vivre en mourant ; c'eft par elle que les trois de *Beauveau* ont trouvé de la joye dans les périls de l'armée ; & un fort honnorable dans des hazards volontaires : C'eft par elle que *Pommereüil* a voulu hafter fa mort ; que *Bellefort* a paru invulnérable, & que *Maupertuis* a follicité plufieurs fois le Ciel de le faire périr à la veuë de fon Prince, triomphans toûjours dans les combats comme Mr. *l'Abbé* fon frere dans l'Academie Royalle : C'eft par elle que de *Lorge* s'eft fi fort avancé dans les ennemis,

qu'il a paru plûtoft affiegé, qu'affiegeant : C'eft
par elle que *Beringhem*, *la Feuillade*, *Vaubrun*, *Fou-*
rille, *d'Aguin*, *S. Geran*, *Rochefort*, *Montbrun*, *Dobrian*,
Reveillon, & *Dercy*, ont fait voir qu'ils étoient tous
des Heros, & qu'ils avoient receu du Roy des fentimens affez grands, & aufquels ils avoient répondu avec affez de courage, de zéle & de har-
dieffe pour mériter ce nom dans l'Hiftoire.

Les Hiftoriens appellent *Vitellius* Empereur de
Rome, l'infortuné, & la raifon qu'elles donnent
de fon malheureux deftin, eft qu'il n'encoura-
geoit jamais fes foldats, & n'affermiffoit point
leur valeur par fa parole, & par fes Harangues.
En effet, un Roy eft l'ame de fon armée ; c'eft luy
qui doit donner le mouvement à ce corps diffus,
& qui a tant de membres ; c'eft luy qui doit infpirer cette belle fureur qui les fait vaincre ; nous
le voyons par l'exemple de L O U I S, qui ayant
pratiqué ces maximes, n'a pas éprouvé les malheurs des Princes qui ne fçavent pas faire toutes les fonctions de la Royauté, ny les infor-
tunes de ceux qui ne s'acquitent pas fi dignement que luy de ce premier employ du monde ;
c'eft auffi ce qui le rend Triomphant & Invincible ; c'eft ce qui luy donne la qualité & le nom
de HEROS INCOMPARABLE.

Il y a encor une autre Harangue du Roy dont

je ne dis rien icy, mais qui paroiſt dans tous les autres Traitez de cet Ouvrage, & qui eſt plus Harangue que les Harangues meſmes ; c'eſt de ſon exemple dont je veux parler, & des diſcours muets & éloquents tout enſemble de ſes actions ; car c'eſt luy qui a fait faire à tous ſes ſoldats ce qu'ils ont entrepris avec tant de courage, & executé avec un bonheur dont la gloire en revient toute au Roy, qui les a inſtruits encor par là bien mieux que par ſes Harangues.

C'eſt à ſon *Exemple* que Mr. de *Luxembourg* a couru des riſques ſi frequents, qu'on peut ſoûtenir que ceux qui ſont morts en combatans, ne ſe ſont pas expoſez à des périls ſi grands qu'ont eſté ceux auſquels il s'eſt expoſé, ſans mourir, car la mort a rendu ceux-là heureux en les delivrant des maux qu'ils avoient à ſouffrir, & ce Heros a eſté toûjours reſervé à de ſemblables, afin de luy faire endurer mille morts, ſans joüir du bienfait d'une ſeule.

Monſieur de *Turenne* a tant fait de choſes conſidérables en Flandre, en Italie, en Allemagne, & en d'autres païs, qu'afin de ne pas compoſer des Volumes, on ne doit compter ſes exploits que par Royaumes & par Eſtats ; neanmoins je n'en uſeray pas de meſme à l'occaſſion de la guerre preſente, & de ces genereux ſentimens qu'il a fait

paroiftre à l'*Exemple* du Roy. Je differe avec tout
cela en un autre temps, puifqu'il luy refte encor
de grandes chofes à achever, je diray feulement
qu'on doit tout attendre d'un Heros comme luy,
qui fçait mieux qu'aucun des Capitaines de tous
les fiecles paffez, conferver une armée entiere, &
faire vaincre des trouppes, ou les empefcher abfolument d'eftre vaincuës.

Les vivants, les bleffez, & les morts, font des
fujets de la gloire du Roy ; car ceux-cy par la vie
qu'ils ont confervée en fe fignalant ; ceux-là par
la mort qu'ils ont fouffert en s'expofant fi géné-
reufement aux périls, & les autres par les playes
qu'ils ont receuës en combatant, fe faifant tous
un mérite héroïque, publient l'incomparable &
l'héroïque valeur de LOUIS, puifque ces chofes font les effets admirables de fes Harangues
muettes, qui font fes exemples de courage, auffi-
bien que de fes Harangues articulées & fenfibles
à l'oreille comme au cœur : Et de vray, fi on ne
donne point ce qu'on n'a pas, le Roy infpirant
tant de valeur heroïque, il faut qu'il en ait bien;
& quand on donne abondamment ce que l'on
a, on ne ceffe point d'eftre ce que l'on eft;
il faut encor que le Roy infpirant tant de fentimens héroïques, foit un Heros bien fécond en
courage, il faut enfin de néceffité qu'il foit un
HEROS INCOMPARABLE.

Nostra

Cinq Zones tous les ans fatiguent ma lumiere
Et malgre leur pouvoir elle est toujours entiere

I. Towtain Fe

FATIGUES.

QUAND le Globe de la Lune vient à donner dans l'ombre de la terre, en sorte que ce corps opaque se trouve directement entre cet Astre & le Soleil, alors il se fait une éclipse de Lune. Cette expérience tombe sous nos sens, nous en avons veu une de nos jours au Ciel, mais en voicy une qui s'est faite icy bas, & qui est d'autant plus surprenante, que le Soleil qui l'a causée est extraordinaire.

Le Roy est un *Soleil*, les éclats merveilleux de sa gloire luy donnent cette qualité, & comme le Soleil communique sa lumiere à la Lune, qui de soy n'est pas lumineuse ; en ce cas, & sur ce pied, la Hollande ayant receu tout son éclat de l'assistance de la France, qui l'a faite ce qu'elle a esté, ne peut passer que pour une *Lune* à l'égard du Roy, outre que ce n'est qu'un Astre de nuit en

A

comparaison de LOUIS, faut-il donc s'étonner si le Roy l'a vaincuë, ne se devoit-il pas faire
une éclipse de la Hollande, par son opposition
au Roy, & par l'interposition des corps d'armée
de sa Majesté, les forces de cette République ne
devoient-elles pas encor s'éclipser en presence de
ce Soleil de valeur ? Il n'y a rien de si juste & de
si naturel.

Mais ces Victoires si amples & si fameuses que
le Roy a remportées sur les Hollandois, ne sont
pas seulement un effet de ses Armes, il y a encor
d'autres principes dont elles tirent leur prix, car
elles viennent encor de la vigilance, des soins, &
des peines continuelles que le Roy a prises, & qui
font comme ses heroïques exploits, du ressort
d'une vertu sans pareille, & d'un courage sans
égal comme le sien. Il a falu qu'il se soit précau-
tionné contre la surprise, afin de se garantir des
stratagémes frequents de ses ennemis, & qu'il ait
mis un bon ordre dans ses armées, afin que la
confusion n'en fit pas la déroute, comme il arri-
ve souvent. Il luy a esté nécessaire de veiller jour
& nuit afin de profiter de tous les avantages ; il
a eu besoin de s'exposer aux injures de l'air, aux
rigueurs des saisons, & à un grand nombre d'incommoditez fâcheuses : Il n'a pû éviter de renoncer à tous les plaisirs, & de s'exposer à beaucoup

de *Souffrances* & de *Fatigues*, tout cela demandoit un Capitaine vigoureux : Auffi le Roy n'eft-il le premier des Heros, que parce qu'il eft autant *Infatigable* que genereux : Ce doit eftre fous cette premiere qualité que je le confidére icy : Et fi j'intitule ce difcours les *Fatigues du Roy*, c'eft feulement pour marquer fes travaux, fous lefquels n'ayant pas fuccombé, il demeure à la verité infatigable, & defquels neanmoins ayant extrémement fouffert, il en a pû eftre glorieufement Fatigué.

Quoy que les Fatigues d'un Heros, felon l'opinion commune, confiftent principalement dans les fueurs, dans les courfes, & femblables autres chofes qui font du reffort de l'action pénible, dont on a coûtume de traiter, quand on parle travaux de guerre ; cependant ce n'eft point de ces Fatigues-là dont j'ay voulu faire mention, & que je croy eftre propres du R o y ; car je n'ay aucunement deffein de parler de luy comme les autres parlent de tous les grands Capitaines, & de ramaffer tous les lieux communs pour faire fon éloge, des chofes dont on fait ordinairement celles des braves qui fe font fignalez dans une Campagne. On fçait affez que pour montrer de la Force comme a fait le Roy, pour mettre là valeur au jour, de la maniere qu'il a fait éclater la fienne, il

faut fuer , courir , & eftre expofé à de femblables
contretemps fâcheux.

  · · Ce fut le Roy qui fonda le premier le *Lys*, fleuve
prés de Gand , lors qu'il envoya Mr. de la *Feüilla-*
de vers le canal de *Bruges*, il n'eftoit que trois heures du matin , & il ne craignit point de fe mettre
en marche. Lors qu'il fut affieger *Maëftrick* en perfonne , il partit de S. *Truyen* à minuit à la tefte de
fa gendarmerie, & eftant arrivé au camp, ou plûtoft ayant campé , fans chercher du repos & des
rafraîchiffemens , il alla difpofer les poftes, & la
nuit enfuivant il fit le Bioüac , & l'a toujours fait
depuis. Et lors qu'il partit de fon camp proche
de *Vvezel*, pour aller à celuy de Mr. le Prince
fur le bord du Rhin, y eftant arrivé, il fouppa en
fa tente , & auffi-toft, au lieu de prendre du repos,
il remonta à cheval pour remarquer luy-mefme
ce que ce Prince luy avoit mandé des gué &
des paffages de ce fleuve depuis *Skein* jufques à
Arnhem.

  Je pourrois , en fuivant pas à pas fa Majefté , raifonner la grandeur de chacun de ces
travaux en particulier, & de tous les autres, autant que le demande leur mérite ; mais ce n'eft
pas là mon deffein. Il faut chercher dans le Roy
quelque chofe d'INCOMPARABLE ; Il a efté
imité en toutes les chofes que je viens de dire par

tous les Capitaines & les Officiers dont son armée
est composée. Le Panegyrique de sa Majesté seroit le leur, en y mettant leur Nom en la place
de celuy de LOUIS; Il faut quelque chose qui
distingue sa Personne, & qui luy soit propre.
Comme je veux faire voir que le Roy est un Heros
sans Pareil, ce seroit pécher contre luy, & contre mon dessein, de ne raporter pas quelque chose qui luy soit particulier. Il y a dans sa vie & dans
sa conduite une espece de *Fatigue* tres relevée par
sa singularité, qui est une qualité nécessaire d'un
HEROS INCOMPARABLE comme est le Roy. Je
vas le faire voir en montrant qu'il a Fatigué dans
le corps par tous les sens, & qu'il a souffert des
maux & des incommoditez qui ne paroissent que
des *delicatesses* de sens, qui sont pourtant des maux
achevez, durs & cruels pour le Roy.

Il ne faut pas manquer à faire icy une distin-
ction entre LOUIS de Bourbon & le ROY;
Car nostre grand & incomparable Monarque est
un HEROS par *Loüis* & par le *Roy*; Il triomphe par
la vertu de l'un, comme par le merite de l'autre.
Cependant c'est par l'endroit où il est Roy qu'il
triomphe icy principalement, souffrant & triom-
phât des Fatigues des sens, qui sont de cruels maux
pour un Roy, né Roy, & né aussi grand Roy,
qu'est le nôtre, & qui ne sont pas des maux, & ne

le peuvent pas eftre pour tous les autres Heros.

C'eft un rude martyre que de *fentir* continuellement la puanteur des corps morts, & fi ce poifon a fait avoir en horreur la Victoire à quelques
Heros, maudire leur conquefte , plaindre leur
fortune, & fe fâcher contre leur bonheur, que n'a
point deu fouffrir le Roy qui y avoit moins de dif-
pofition qu'eux, & qui n'a point craint d'entaffer
morts fur morts, d'infecter l'air , d'en flairer les
impuretez, & d'en recevoir les atteintes ? On ne
peut pas l'accufer d'avoir par un nouveau genre
de magie, conjuré la perte de l'Univers, en cor-
rompant l'air cette premiere nourriture des hommes, de laquelle on ne peut pas fe paffer un quart-
d'heure, puifqu'il en a reffenty les effets, & qu'il
en a couru volontairement les premieres rifques:
le Roy ayant toûjours efté de conquefte en conquefte, il a toûjours trouvé ce poifon, ces mau-
vaifes odeurs qu'éxaloient continuellement des
cadavres, ont efté pour luy des caffolettes peu
agreables; s'il s'y fut rencontré du plaifir, il eut
efté bien bifarre & bien imaginaire. Cette putre-
faction a caufé toûjours des peftes, des flux , &
d'autres mortelles maladies dans les armées ; &
comme elles n'ont point infecté celles du Roy, il
faut avoüer que *l'odorat* en a receu toute la ma-
lignité, & qu'il en a fatiqué extrémement. Ça

efté une néceffité pour celuy du Roy, comme
pour celuy de tous les autres hommes ; ainfi on
peut foûtenir que le Roy n'ayant point reffenty
toutes ces maladies dans les endroits du corps
qu'elles ont coûtume d'affliger, il les a reffenties
& les a fouffertes dans l'odorat ; mais certe putre-
faction eftoit encor d'autant plus infupportable
en Hollande, qu'elle eftoit aidée de vapeurs craf-
fée que ces lieux marefcageux fourniffent en
abondance , d'où s'élevent inceffainment des
nuës de bitume quinteffentié. Il eft vray que les
Lauriers du Roy les luy rendoient moins funeftes, & un peu de meilleur odeur ; mais ils n'en
ont pas pourtant ofté tout le venin, car les broüil-
lats épais qui font les hoftes affidus & fidelles de
l'air Hollandois, y faifant leur demeure, comme
fi Dieu leur avoit donné cette terre en partage,
fe renouvelloient continuellement , & par un
effet qu'on peut interpreter un attentat d'un abo-
minable & outrageant inftinct, comme pour fe
vanger de Dieu, qui leur a donné ce trifte lieu
pour éxil, redoubloient leur force fur fon image,
qui eft le Roy, & mefme pour punir le Soleil de
ne venir pas chez eux les faire paffer en de meilleures formes par l'influence de fes rayons , qui
ont le don de tout affinir & de tout fubtilifer, ils
s'en font vangez fur ce Soleil de gloire , qui eft

LOUIS, comme fur un autre luy mefme , ou comme fur fon frere de lumiére & d'éclats : Mais ce n'eft pas encor tout, pour furcroy de peine, le Roy a encor fenty des haleines de démon , & pour dire en un mot, les exhalaifons d'un vilain *tabac*, qui fe meflant avec toutes ces infections, & avec cet efprit infernal que jette la *méche* des foldats, produifoient enfemble tout ce qui pouvoit eftre de mauvais & d'impur au monde.

Si un peu de fumée qui fe répand dans nos chambres nous eft infupportable jufques à nous contraindre d'abandonner le feu dans les plus grandes rigueurs de l'Hyver. Si un peu d'air tres épais & trop humide que nous refpirons le matin, nous caufe des maux de tefte, de cœur, des débilitez, & des intempéries dans le fang : Si enfin un air empoifonné qu'on feme fur une lettre eft un venin inévitable pour celuy qui la lit, que n'ont point deu faire fouffrir au Roy ces *odeurs infectées* qui régnoient dans la Hollande ? Pour les hommes du commun, ce ne font pas à la vérité ordinairement des maladies dont leurs *fens* foient mortellement attaquez, ils fe trouvent continuellement expofez à fouffrir de femblables incommoditez, l'habitude les garantit de ce qu'ils ont de vicieux ; le bas du trône qu'occupent tous les fujets, eft comme les valées, expofé à mille malignitez

lignitez qui naiſſent de la profondeur de ce lieu;
mais pour un Roy qui eſt élevé au deſſus de l'air
épais, qui eſt ſitué dans le lieu où il eſt épuré, ce
ſont-là des choſes bien dures, pour un Roy, dis-je,
comme LOUIS XIV. dont la vaſte Puiſſance &
la grandeur ont eſté chercher dans les païs les
plus Orientaux, les eſprits les plus ſubtils des aro-
matiques, & luy en ont formé dés ſa naiſſance
dans cette haute région du monde où il eſt élevé,
un élement tout nouveau & tout d'une autre nature que celuy que nous reſpirons.

C'eſt un mauvais ragouſt que des *Breuvages* tranſ-
portez : Comme le Roy n'arrétoit jamais en un
lieu, ceux de l'armée s'altéroient bien viſte ; le
Roy pourtât uſoit de ces breuvages, tous corrompus qu'ils eſtoient, comme le reſte de ſes ſoldats;
il eſt vray qu'on en avoit fait porter de meilleurs
pour luy, mais la corruption des meilleures choſes eſt pire que celles qui ne ſont pas bonnes dans
ce degré ; on ſçait que le plus fort vinaigre ſe fait
du plus excellent vin : l'Electeur de *Treves* recon-
nut ſi bien les maux que le Roy en reſſentoit, qu'il
luy envoya dés le commencement de ſa premiere
Campagne de Hollande, devant *d'Oësbourg*, dix
voitures de *Vin* du plus excellent des hauts quar-
tiers de la *Moſelle*, qui ne laiſſa pas encor d'eſtre
broüillé & altéré par le chemin, quelque ſoin

que l'on prift de le rendre purifié. L'aliment corrompu fait un tempérament de fa nature par un effet ordinaire de fon pouvoir fur les hommes; mais le tempérament du Roy eftant inacceffible à toutes corruptions, il l'a voulu faire voir par une expérience fenfible, en pâtiffant de fes incommoditez fans y fuccomber. Il a encor efté expofé à la *faim*, non pas en manquant des chofes néceffaires à la vie des hommes, mais néceffaires à la vie des Rois ; car l'habitude des mets exquis a formé en eux une particuliere néceffité, eftans nez avec l'abondance & les délicateffes. Quand nous avons coûtume de manger des viandes, nous fouffrons dans les repas les plus voluptueux de poifon, & par une raifon meilleure, les *fens* des Rois *Fatiguent* quand ils ne trouvent plus de tables extrémement bien appreftées ; & c'eft pour eux pâtir, comme pour ceux qui n'ont coûtume d'avoir qu'un ordinaire bourgeois, de n'avoir enfuite qu'un peu de pain & d'eau. De la maniére que le Roy a vefcu, & qu'on s'imagine bien qu'il a pû vivre en l'armée, où il avoit plus d'Officiers de main que de bouche, on peut bien juger que c'eft une mortification pour les fens du Roy, dont la table à Paris coûte plufieurs millions, & qui ne peut pas affez manger pour toucher à tous les plats qu'on luy prefente.

Voila ce qui fait la matiére des *Fatigues* du Roy & de sa gloire, privilegement à beaucoup de Heros, qui les ayant souffertes, n'ont pas beaucoup relevé leur mérite, ou qui du moins n'ont pû, en pâtissant de cette maniére, s'en faire un *Héroïque*, car la différence de leur éducation d'avec celle du Roy, fait la différence de leur vertu. Henry IV. a esté exposé à ces Fatigues des sens, mais ce n'est pas par là qu'il est un Heros; car de ce côté-là il n'a rien eu à combatre, & il faut combatre & vaincre pour estre un Heros. Il estoit né dans les montagnes de Bearn, accoûtumé à marcher nuds pieds, nuë teste, à ne manger que du *fromage*, & à boire du *lait*; souffrant l'incommodité de pareilles choses, ou pour mieux parler, vivant de cette maniére, il a moins souffert que le lyon, qui ne peut vivre qu'avec la fiévre qui fait mourir tous les autres animaux, n'y estans pas accoûtumez comme luy. Mais il n'en est pas de mesme du Roy, il est tombé du sein de sa mere dans la pourpre : il a esté en mesme temps élevé dans l'abondance des choses qui font la delicatesse des sens, & qui ne contribuent qu'aux aises & aux plaisirs du corps, ayant eu cette abondance pour seconde mere qui l'a enfanté au plaisir, comme à un autre estre que celuy de ces Heros, qui ont eu une dure naissance, & une édu-

cation pénible. Je ne prétens pas icy diminuer
la gloire & la réputation de Henry IV. je veux luy
conferver le Nom de *Grand*, mais je veux faire
voir que le Roy mérite celuy de Tres-Grand. Je
ne prétens pas abaiffer Henry, mais j'ay deffein
d'élever L O U I S, afin de montrer à toute la terre LE HEROS INCOMPARABLE.

Quelle peine n'a point enduré le Roy par la
Fatigue du cheval qu'il montoit jour & nuit ? Le
Cheval eft le Trofne des Heros ; quelque plaifir
qu'il y ait fur ce Trofne, ce plaifir eft d'une efpéce qui ne refpire que l'incommodité & le travail :
Quelque joye que l'on y prenne, elle ne remplit
point affez l'ame pour n'y laiffer aucune place
pour la fenfibilité de ces Fatigues. Le Roy ne s'eft
quafi point affis fur celuy de la Royauté, & neanmoins aucun Roy ne l'a mieux occupé que luy.
Le travail ordinaire du cheval qu'il a enduré dans
une marche continuelle, & dans des courfes jour-
naliéres, en eft un bon témoin.

Mahomet a efté auffi grand Capitaine, que grand
Legiflateur, puifqu'il eft fondateur de la *Monarchie* Ottomane, auffi-bien que l'Autheur de la *Religion*. Il eftoit d'une condition tres baffe, & d'une
naiffance tres obfcure : Il fut pris dés fon enfance
par les Arabes, qui le vendirent à un marchand
de Perfe, lequel s'en fervit pour fon négoce. Pen-

dant ce temps-là il conduiſoit des voitures avec
des Caravanes, dans des païs où le Soleil lance
le feu tout pur avec ſes rayons. L'exercice des
chevaux ou des chameaux qu'il montoit, & les
incommoditez qui en ſont les compagnes, l'a-
voient extrémement endurcy, en ſorte que les
peines qu'il prit depuis n'étoient pas peines, auſſi
les fatigues du cheval qu'il montoit à la teſte de
ſes armées, ne ſont pas ſi glorieuſes que celles du
Roy. Il a apris les Exercices dans ſa jeuneſſe, mais
de celuy du cheval, il s'en faiſoit un plaiſir, & non
pas un métier, ny une profeſſion pareille à celle
de Mahomet.

Le Roy eſt accoûtumé à la *veuë* de ce qu'il
y a de *beautez* de toutes les eſpéces. Les plus belles
perſonnes du monde qui ſe trouvent à la Cour,
ſont des objets ordinaires des yeux de LOUIS;
des Tapiſſeries riches auſſi ingénieuſement raiſonnées, qu'adroitement travaillées, bornent
encor ſes regards, & repreſentent en abregé toutes les beautez de la nature, qu'elles portent dans
ſon Louvre pour enchanter ſa veuë, avec mille
autres raretez, dont le détail ſeroit trop long, &
dont tout le monde eſt convaincu. Il eſt dur
aprés cela de voir des Bataillons hériſſez de piques preſtes à percer ou perçant des hommes deſ-
quels il d'écoulle du ſang : Il n'eſt point encor

plaiſant de voir des ſoldats, quoy qu'ennemis, giſant ſur la terre, diſputant leur vie avec la mort, tous défigurez de playes & de ruptures. Ce n'eſt pas un grand charme de voir des maiſons tomber par l'effort du canon, & qui repreſentent en cet eſtat tout ce qu'il y a d'affreux dans leur débris. Ce n'eſt point une agreable veuë que celle de thuilles qui volent en l'air, ou quelques ſommets de tours, avec la jambe d'un homme, le bras, ou la moitié du corps d'un autre qui ſe ſera rencontré deſſus. Ce ne peut eſtre enfin pour les yeux un grand régalle, que des Villes en feu; Il faut dire que ces niaux ont eſté des Fatigues pour un Heros, qu'il en a ſouffert, & qu'il n'a pû voir des ruiſſeaux de ſang rouller des cadavres, ſans pâtir.

Dans une condition obſcure, on n'a point tous les plaiſirs de la veuë qu'à eu le Roy dés ſon enfance, & dans le cours de ſa vie à Paris; il s'y trouve au contraire quelque choſe de la cataſtrophe des malheurs qui ſe voyent à la guerre; car dans les lieux d'une baſſe naiſſance, on n'y voit que des cabanes à demy rompuës, & qui ont une montre de deſaſtre: On voit des maiſons que le temps a ruïnées, & que les vents endommageant continuellement, font auſſi continuellement ſauter par morceaux. On y voit des miſérables languiſſants dans leur miſére, tous déchirez; &

d'autres affligez fe traifnans fur la terre, ou cou-
chez fur un grabat, fe plaindre à outrance du fort,
dans la néceffité où ils font de toutes chofes. *Ma-
rius* a efté de ce nombre, quand il a fait la guerre,
& qu'il a caufé tous ces maux que l'Hiftoire nous
apprend ; la veuë de ces maux n'a pas auffi fait
fouffrir aucun de fes fens, il y eftoit accoûtumé ;
ainfi on peut dire que ce n'étoit pas une *Fatigue*
de *fens* pour luy, & par une fuite néceffaire, qu'il
n'eft pas par cet endroit Heros comme LOUIS.

Peut-on raifonnablement dire que le Roy s'eft
tres-bien diverty à l'harmonie lugubre des trompettes qui ne fonnoient que malheurs & que ca-
lamitez, & au bruit des tambours qui ne battoient
que mifere & qu'affliction ? Peut-on dire que c'eft
un grand régalle pour les *oreilles*, que des cris de
femmes & d'enfans qui pleuroient leurs defaftres ?
Voila de funeftes accords & de triftes concerts.
Pour rendre juftice au Roy, il faut croire qu'ils
ont efté des maux pour luy, & de rudes Fatiques,
car cela eft bien éloigné de la douceur des airs ar-
monieux de Lully, & de celles de ces charmantes
voix qui font pour fa Majefté des divertiffemens
ordinaires dans fon Louvre.

Romulus a efté un grand Heros, mais ce n'a pas
efté par le mérite d'une Fatigue de fens femblable
à celle que je viens de remarquer en la perfonne

du Roy. Dés qu'il fut né, on l'expofa fur le Ty-
bre ; enfuite il fut nourry & élevé avec des beftes;
il eftoit accoûtumé aux accens farouches & lugu-
bres de leurs hurlements ; fon oreille eftoit fer-
mée à la pitié ; tout ce qu'il a pû entendre de
cruel dans fes guerres contre les Sabins, ne l'a
point fait fouffrir : Cela eft aifé à croire, je ne dis
rien qui forte de la vraye femblance.

Quiconque entrera dans une jufte reflexion de
la dureté de toutes ces Fatigues dont nous avons
parlé, pour un homme né Roy, il en compren-
dra aifément le mérite : Comme LOUIS différe
de quelques Heros par fa valeur, & d'autres par
fa Force, il différe de mefme de ceux que je viens
de nommer, par les Fatigues des fens ; ainfi, par
tous les endroits qu'on peut regarder le Roy, &
les autres Heros, il eft diffemblable à eux tous,
eftant INCOMPARABLE en toutes chofes.

On me dira que ces peines & ces Fatigues doivent eftre les plaifirs d'un HEROS INCOMPARA-
BLE, & l'aliment de fon Ame ; il eft vray, mais il
faut avec cela demeurer d'accord que ce font des
peines, & que c'eft parce que les Fatigues des fens
ne font pas premierement des plaifirs, qu'elles
font la vertu d'un HEROS INCOMPARABLE.
Elles deviennent des plaifirs, parce qu'il les fait
tels par la générofité & la conftance avec lefquelles

les il les porte ; c'eſt ce qui en fait le mérite,
eſtant originairement des travaux, à qui la grandeur d'ame de celuy qui les reçoit chez luy, donne un nom glorieux : mais ce ſont toûjours de
rudes plaiſirs, tout le monde ne ſe feroit pas à ce
genre de volupté, & ne le comprend pas, parce
que tout le monde n'a pas un gouſt de Heros.

Ainſi il ne faut pas croire que je me ſois amuſé
à la bagatelle, en faiſant la deſcription des Fatigues des ſens du Roy : nous en connoîtrons encor mieux l'importance, quand on fera une ſérieu-
ſe réfléxion ſur les vertus dont elles ſont les ſignes
viſibles, & les marques authentiques, & dont
elles nous donnent des aſſeurances ſi notables en
ſa Perſonne ; car ſes Fatiques vous l'ont fait voir
tempérent, ſobre, continent, modéré, patient,
retenu, diſcret, vigilant, actif, conſtant, doux,
paiſible, affable, & l'ont aidé à pratiquer à la
guerre, ce qui eſt difficile, toutes les vertus qui
ſont du reſſort de ces admirables qualitez, & de
celuy des ſens, ainſi rectifiez par une diſpoſition
contraire aux defauts qui ſont oppoſez à ces vertus ; comme la volupté, le dérèglement, la bruf-
querie, l'imprudence, l'inſolence, la cruaüté, la
lenteur, la ſenſualité, la bonne chere, & l'yvron-
gnerie, qui ſont des vices fameux auſquels ont
eſté ſujets les plus grands Capitaines. Il ne faut

C

pour cela que fçavoir l'Hiftoire d'*Alexandre*, qui
fe laiffa fi fouvent furmonter par le vin, & qui
eftoit enfevely dedans lors qu'il mourut à *Perfe-*
polis : Celle d'*Annibal* qui fe laiffa corrompre par
les delices de *Capoüe* ; Et celle de *Cefar* qui n'eft
remplie que de fes fameufes débauches. Quand
un Heros ne fouffre point par les fens , & n'eft
point expofé à ce genre de Fatigues comme le
Roy, il n'a point les vertus dont j'ay fait mention en fa faveur ; & quand on n'a point toutes
les vertus, on a tous ces vices que je viens de nom-
brer : Il n'eftoit pas pourtant befoin que le Roy
Fatiguaft pour avoir toutes ces vertus , il les pof-
fedoit , mais les Fatigues luy en ont confirmé la
poffeffion.

C'eft quelque chofe de bien glorieux pour luy
de fuïr tous les plaifirs , quand il les peut tous
prendre , en fe livrant ainfi aux Fatigues des
fens ; renonçant à ce qui fait la joye ; négligeant
ce qui entre dans le commerce de la vie douce
de tous les hommes ; oubliant les égards que
les Princes ont ordinairement pour leurs perfonnes ; dédaignant les commoditez du Trône ; méprifant les advantages de la Royauté ;
ne modérant jamais fes fouffrances par la
moindre des chofes qui peuvent les foulager ;
tous les Heros fi vantez dans les fiecles paffez

n'en ont point fait autant : Ils ont tous adoucy la
rigueur de leurs travaux par quelques charmes,
& se font tellement adonnez au milieu de la guerre à leurs molles & voluptueuses passions, qu'on
peut soûtenir qu'ils ont moins Fatigué que le Roy;
& comme les mesmes plaisirs lassent ordinairement, estant continuels, on peut encor dire
qu'ils ont pris les travaux de la guerre comme un
plaisir nouveau, pour les delivrer de la Fatigue
des autres, & qu'ainsi ils n'ont jamais Fatigué, ou
s'ils ont fatigué, ce n'a esté qu'à leur honte : Mais
pour le Roy, comme il a Fatigué plus glorieu-
sement qu'eux, aussi est-il INCOMPARABLE
à tous.

Alte *Deorsum*

Voy ces espics penchants et moy quitant L'esté
A Leur abaissement mon feu S'est arresté

I. Toustain Fe

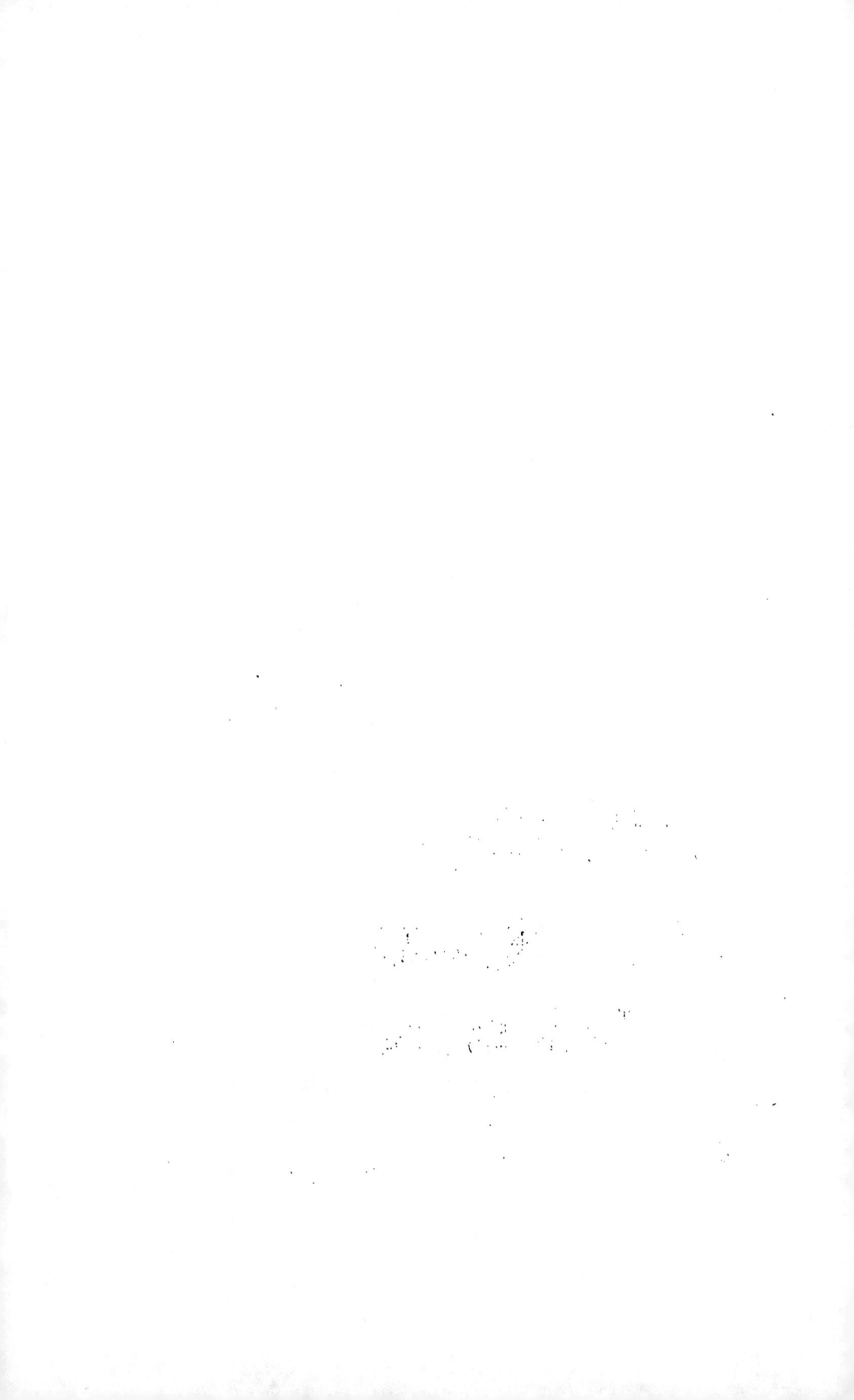

MODERATION.

ARCHIDAMUS Roy de Lacedemone, demanda un jour à *Teucidides* lequel eſtoit le plus adroit à la Luitte de luy, ou de *Pericles*: Teucidides luy répondit qu'il eſtoit fort malaiſé de luy dire quelque choſe de précis & de déciſif ſur cette queſtion, parce que quand il avoit luy-meſme porté par terre Pericles en luittant, il ne laiſſa pas de perdre le prix du combat, encor qu'il l'euſt vaincu, car Pericles diſant qu'il n'é-toit pas tombé, les aſſiſtans le crurent & le jugé-rent ainſi.

Diſons-en de meſme de la *Modération* du Roy : On luy a veu mettre bas les armes en acce-ptant *Cologne* pour traiter de la Paix avec ſes ennemis, & depuis la priſe de *Maëſtrick*, il a donné tréve entiére à ſon bras ; cette chute vo-lontaire, & cette ceſſation d'armes, ne laiſſe pas

d'eftre une élevation de fa valeur , car il rem-
porte encor par là le prix de la gloire , fur les
Hollandois , & l'avantage fur tous les Conquérants du monde , qui eft la qualité de HEROS
INCOMPARABLE ; il protefte qu'il n'eft point
tombé avec fes armes , quand il les a mifes bas , &
qu'il n'a point déchu de fon courage en arrêtant
fes effets ; il protefte qu'il n'a jamais efté plus ferme & plus droit , croyons-le ; & puifqu'il eft plus
fort que jamais , fa valeur eft affeurément toûjours fur le bon pied : On n'en doute pas , & c'eft
parce qu'on n'en doute pas qu'il le faut dire ; c'eft
parce que c'eft une vérité qu'il la faut publier ;
c'eft parce que cette vérité eft inconteftable qu'il
faut l'annoncer à tout l'Univers.

LOUIS , dans fes Conqueftes , n'avoit pas
deffein d'exterminer le genre humain , ny de devenir le fleau des hommes , il vouloit feulement
réduire des infolents : Voila tout le bien & la réputation qu'il cherchoit : Il a prouvé qu'il pouvoit conquérir tout leur païs : C'eft affez pour luy,
il fe difpofe à faire grace , puis qu'on la luy demande ; il fe veut vaincre luy-mefme par la Modération , fes ennemis ne le pouvant vaincre ,
afin qu'il n'y ait rien dans le monde dont il ne
triomphe , triomphant encor de luy-mefme.

Les Hollandois voyant que le Roy eftoit au-

deſſus d'eux, & de tout ce qu'il y a eu de grands
Capitaines ; ils ont deſiré le vaincre d'une maniére
re toute particuliere ; ils ont cru qu'il ne céderoit
pas à la Modération, & qu'il ne feroit point le
dernier & plus noble effort de la généroſité, lors
qu'ils luy demanderoient la Paix, à laquelle ils
ne penſoient pas qu'il voudroit jamais entendre,
ſes armes eſtant ſi victorieuſes ; mais ils l'ont ten-
té en vain, ils n'ont pû réüſſir dans le deſſein de
le faire révolter contre luy-meſme, & contre cette vertu, car il leur a montré en s'y ſoumettant,
qu'ils pouvoient ſe rendre victorieux de ſa valeur;
mais que c'étoit chez luy qu'il faloit prendre des
armes pour le combatre ; ce qu'il a fait voir à ces
peuples d'une maniére ſi genereuſe, qu'on connoit bien qu'il n'appartient qu'au Roy d'eſtre
moderé ſans baſſeſſe au milieu des triomphes,
comme à luy d'eſtre élevé ſans orgueil, & de vaincre avec facilité.

Alexandre eſtant devenu maiſtre preſque de
toute l'Aſie, rencontra *Porus* en ſon chemin : Ce
Roy ſceut vaincre ce Conquérant, tout invincible qu'il paroiſſoit : Il luy dit de prendre ſon
Royaume, s'il n'avoit pas aſſez de tout ce qu'il
poſſedoit ; mais que s'il en avoit aſſez, il le luy
laiſſaſt : Alexandre n'eut pas de peine à luy accor-
der une choſe qui ſollicitoit ſa généroſité ſi puiſ-

famment , il mit les armes bas, & laiffa vivre Porus dans fon Royaume, & dans la Paix qu'il luy demandoit.

Curio Tribun de Rome, venant trouver *Cefar* à Ravenne, derniére Ville de fon Gouvernement, luy perfuada de joindre & de rallier au plûtoft fes Legions, & d'aller combatre Rome, fans retardement, avec celles qu'il avoit ; mais Cefar , tout armé qu'il eftoit, n'en voulut rien faire, il fe tint quelques jours en ce lieu , & ayant apris par fes Agents que Pompée acquiefloit à fes demandes, & qu'il trouvoit fes prétentions raifonnables, il mit les armes bas, & renvoya Curio agéer en fon nom l'accord de Pompée.

Voila deux exemples fignalez de Modération. Cependant on peut foûtenir que le Roy a efté plus moderé dans fes Conqueftes, comme plus genereux que ces deux Capitaines. Cefar ne voulut point entendre parler d'accord aprés avoir paffé le *Rubicon*, ce qui marque l'orgueil qui luy infpiroit fes premieres victoires, mais LOUIS y a confenty, mefme longtemps aprés avoir paffé *l'Yffel*, le *Rhein*, le *Vahal*, *& le Mein*, ce qui fait voir que le Roy n'abufe point de fon bonheur & de fa fortune. Quand Alexandre fit grace à Porus, fon deftin commençoit à s'affoiblir , auffi-bien que fes forces à diminuer, & fon feu à s'appefantir;

mais le deftin de L O U I S eft toûjours le mefme;
fa valeur n'eft point laffée, & fes forces font plus
vigoureufes & plus nombreufes qu'elles ont jamais efté.

Le Roy fera toûjours dans des fentimens de
Modération, quand il verra les Hollandois fou-
mis ; leur bonheur dépend d'eux ; il eft à leur liberté d'arréter ce foudre de guerre ; ils font maîtres de leur fort ; c'eft à eux à le ménager ; il eft de
leur prudence & de leur intéreft de fe rendre heureux, & de profiter de cette incomparable Modération. Par la réponce & les inftructions que *Be-*
verning & *Odück*, Plenipotentiaires des Eftats à
Cologne, font allez prendre à la Haye, Nous
verrons à leur retour s'ils fçavent joüir de leur
bonne fortune qui leur prefente un Roy à qui la
clemence eft naturelle, comme toutes les autres
vertus ; s'ils y manquent, ils n'ont qu'à s'attendre
au fort des Romains, car les Confuls de Rome ne
voulant pas agréer la modération de Cefar, qui
pofa les armes aprés avoir apris que Pompée ac-
quieffoit à fes demandes, le poufferent à bout,
par une continuation d'hoftilitez, ce qui le fit re-
foudre à perdre toute l'Italie en fe vangeant. Si les
Plenipotentiaires de Hollande ne font raifonnables dans leurs prétentions, ils doivent aprehen-
der un deftin encor plus funefte, & s'attendre

à une eftrange cataftrophe : LOUIS eft le Heros de la piece, le dénoüement fera tout à fon avantage, il les perdra affeurément, & quoy que plus modéré que tous les Heros, il ait de la difpo-fition à écouter plus d'une fois des propofitions de paix, qu'ils prennent l'occafion prefente, s'ils aiment encor un peu leur patrie, car peut-eftre ils s'en adviferont trop tard, & les armes de LOUIS aprés une rupture, iront fi vîte, que leurs Pleni-potentiaires n'auront pas affez de temps pour aller les en informer.

Une Flotte marchande Hollandoife allant aux Indes il y a environ fix ans, fut jettée plus de cinq cens lieuës hors de fa routte, par la plus épouven-table de toutes les tempeftes qui fe font jamais élevées fur la mer : Ces Hollandois rencontrerent une Ifle, qu'ils abordérent ; ils defcendirent de-dans, & allant rendre vifite aux Habitans, ils fu-rent tous furpris de voir que les ferrures des por-tes, les gonds, & les trillis des feneftres, & tout ce que nous appellons icy ferrures, eftoit en ce païs du plus fin Or qui fut jamais : La curiofité & l'in-térest les obligea d'en dérober, & au lieu de re-prendre leur route des Indes, ils firent voile vers leur païs, afin d'en donner nouvelle à la Répu-blique, qui fur leur témoignage, & fur la foy de fi bons échantillons qu'ils luy donnérent des pré-

cieuſes denrées de ce pays , équipa auſſi-toſt
douze grands vaiſſeaux de guerre pour aller à la
conqueſte de cette Iſle : mais les Hollandois la
cherchent encor, ils n'ont pû jamais la retrou-
ver, quelque long-temps, & quelques ſoins qu'ils
y ayent mis. Comme je ſçay d'original la verité
de cette Hiſtoire, c'eſt à dire d'un homme qui
eſtoit de la partie, & qui a deſcendu dans cette
Iſle, on ne peut pas dire que ce ſoit un diſcours
fabuleux; il faut s'imaginer que c'eſtoit une iſle
flotante, il y en a eu d'autres de cette eſpece, on
en a veu autrefois de pareilles, dont on a des Memoires.

Il y a dans cette avanture beaucoup de choſes
à la gloire du Roy. Ce n'eſt pas le hazard qui a
guidé les Hollandois en cette Iſle, ç'a été le deſtin
de LOUIS; l'auroit-on crû? Cela eſt pourtát vray,
il leur montroit une autre demeure que celle de
l'Iſle d'Hollande, de Zelande, & de toutes leurs
autres Provinces. Comme le Roy devoit les chaſ-
ſer de l'Europe, le Ciel a voulu leur donner une
retraite, & ces peuples dans le preſſentiment de
leur malheur, l'ont envoyé chercher, aprés en
avoir eu connoiſſance, n'eſt-ce point un ſujet de
gloire pour la Modération du Roy, qui leur permet encor d'eſtre retirez dans un coin de leur
païs, juſques à ce qu'ils ayent trouvé cette Iſle; il

faut que c'en soit un effet ; s'ils les poussoit à l'extrémité, où se retireroient-ils, il n'y a point de
nation dans l'Europe & dans le Monde connu
qui les voulust recevoir, à cause de leurs insolen-
ces, il leur faut des terres nouvelles, & des païs où
ils ne soient pas connus ; mais disons à la loüange
du Roy, que s'ils n'ont point trouvé cet Isle, c'est
parce que le destin a préveu sa grande Modération, qui devoit leur faire grace à Cologne,
n'ayant point besoin d'un autre pays, puisque le
Roy les souffriroit dans l'Europe aprés leur soûmission : Qu'ils joüissent donc de leur bonheur,
qu'ils craignent qu'irritans davantage le Ciel,
& le Roy, ils ne soient privez de l'une & de l'autre demeure ; qu'ils ne sortent de celle qu'ils pos-
sedent, & qu'ils ne trouvent point celle qui leur
a esté montrée, & qu'ils ont cherchée si long-
temps.

Comme il est d'un Heros de s'opposer aux rebelles, de combatre les superbes, & de repousser
les insolents, LOUIS s'étant par là montre Heros,
pourquoy ne se le montreroit-il pas encor par la
Modération, qui en est une qualité essentielle,
puisqu'il est autant genereux de pardonner à ceux
qui sont soumis, que de combatre les rebelles;
Ne faut-il pas que le Roy soit HEROS par tous
les endroits qu'on le peut estre ? D'ailleurs, la Modération

dération est d'une vertu néceffaire aux Heros,
parce qu'elle est un argument infaillible de l'affu-
rance que l'on a, que ce n'est pas une foif d'inté-
rest, ou de fang humain qui les anime, nous en a-
vons une preuve celebre dans le procédé du Roy,
& fa Modération a esté mesme déja assez loin pour
nous en convaincre.

Faifons icy une réflexion fur le malheureux
deftin des Hollandois, qu'ils devoient bien faire
devant moy, & qu'ils peuvent encor faire, avec
un notable avantage, qui est, que quand ils
ont combatu au Couchant, ils ont toûjours esté
victorieux, & quand ils ont fait la guerre vers le
Levant, ils ont esté défaits tres-fouvent, leurs
armes n'ayant pû jamais avoir un pareil fuccez :
Ne devoient-ils pas profiter de cette leçon, au
fujet de la guerre qu'ils ont avec le Roy : Il est
d'ailleurs un Soleil Levant, & Orient pour
eux, & autant au deffus d'eux en valeur, que
fon Royaume est en force au deffus de leurs
Provinces : C'est encor une feconde leçon pour
ces peuples, qui leur enfeigne à fauver les reftes
de leur naufrage, & éviter leur perte totale.
Puifque le Soleil couchant leur est favorable,
qu'ils faffent par leurs foûmiffions defcendre
LOUIS, ce Soleil de gloire & de valeur, de ce
haut point d'élevation où il est ; qu'ils s'humi-

lient, il s'abaissera ; qu'ils caressent sa Modération, & qu'ils flatent sa générosité, ils seront victorieux de leur vainqueur. Pourveu que le Roy
pratique des Vertus, il ne se met pas en peine lesquelles il pratique, ou la Valeur, ou la Modération ou la force, toutes luy sont égales.

On agita autrefois une question aussi délicate,
que forte ; aussi solide, qu'agreable. On demanda si on vainquoit pour tuer, ou si on tüoit pour
vaincre : Les sentimens furent partagez là-dessus,
& la question demeura indécise. LOUIS, le
premier des Heros, & si docte sur la matiére de
la Valeur, les vient départager ; il est prest de
décider la question, il attend une soûmission profonde & entiére des Hollandois pour apprendre
à tout l'Univers par des effets sensibles de la plus
grande Modération, qu'on doit tuer quelques
ennemis, afin seulement de vaincre les insolents
& l'insolence, mais qu'on ne doit pas estant victorieux, abuser de la victoire pour exterminer tout
un païs, quand il vient se soûmettre, & demander du remede aux playes qu'on luy a faites, &
qu'il s'est attirées. Sa Majesté a les bras ouverts,
il ne reste plus aux Hollandois qu'à ployer le ge-
noüil : Le meilleur party qu'ils puissent prendre,
est celuy-là ; c'en est un bon aussi pour le Roy,
puisqu'il pratiquera une vertu dont ils luy déro-

beroient l'honneur & la gloire, s'ils en ufoient autrement.

En cela, le Roy fera quelque chofe fi peu éloigné de luy, qu'au contraire, il s'acquitera d'un fignalé devoir : Il eft le premier Gentilhomme de fon Royaume, voila fa premiere qualité, mais pourquoy feroit-il moins genereux qu'un Gentilhomme d'une mince Nobleffe qui ne voudroit pas tuer fon ennemy quand il luy demande la vie ? C'eft une loy de l'honneur, & à laquelle le Roy ambitionne de fe foûmettre, eftant une chofe glorieufe de triompher encor de fes ennemis par cette efpéce de générofité.

Le Soleil eft unique dans la nature, le Roy eft auffi dans l'Univers l'unique HEROS, c'eft à dire, Heros par excellence, HEROS INCOMPARABLE ; en reconnoiftre d'autre que luy, c'eft donner plufieurs Soleils au monde ; mais quand tous les Heros tant vantez dans l'Hiftoire feroient des Soleils de valeur, ils ne peuvent avoir tout au plus que la réputation de Parelies, qui font des images imparfaites du Soleil qui fe forment dans la nuë au matin, lefquelles difparoiffent approchans de midy, n'ayant pas affez de force pour atteindre ce point. Il en eft de mefme de ces Heros, qui n'ont point affez de valeur pour atteindre le point de la gloire où celle de LOUIS la fait monter. Difons encor, que reconnoiftre des Heros comparables à LOUIS, c'eft impofer aux hommes, c'eft faire voir à Panthée deux Soleils & deux villes de Thebes ; c'eft foûtenir qu'il y a deux Villes de Paris dans la France, toutes deux capitales du Royaume. J'ay dit bien des chofes du Roy par rapport au Soleil, & fous les qualitez de cet Aftre. Si le Soleil eft le principe de la fécondité de la terre, pourquoy ne le fera-il pas de la fécondité de nos idées pour les Eloges du Roy ? de celles de nos eftimes pour fa Valeur, de celles de nos difcours pour fa Modération, & pour toutes fes autres Vertus héroïques, & enfin de celles de mon zéle & de ma paffion, de mes lumiéres, de mes raifonnemens, de mes plus ardents vœux, de mes plus preffants defirs, pour l'immortalité de fon augufte Nom, & pour la gloire de fa Perfonne Sacrée. Finiffons pourtant cette matiere, donnons des bornes à qui n'en peut avoir, faifons ce miracle.

www.ingramcontent.com/pod-product-compliance
Lightning Source LLC
Chambersburg PA
CBHW070558100426
42744CB00006B/330